KB110847

격몽
요결

격몽요결

擊蒙要訣

율곡 이이 · 김원중 옮김

민음사

옮긴이 서문

『격몽요결』은 조선 성리학의 거목인 율곡 이이가 지은 책으로, 율곡이 밝혔듯이 자기 스스로를 경계하고 반성한 글이다. 유가에서 모든 사유의 근원을 찾고 아울러 학문을 자기 수양 과정의 하나로 보았다. 먼저 마음을 다스려 그 마음을 학문으로 발전시키고 세상을 살아간다면 아무리 못난 자라고 하더라도 자신의 본성을 되찾아 성인(聖人)이 될 수도 있다고 말한다. 처음 공부를 하려는 초학도뿐 아니라 이미 학문을 다져 온 사람들도 초심으로 돌아가 뜻을 다시금 바로 세우고 마음을 가다듬어 보라는 메시지도 전하고 있다. 이렇듯 고무적인 내용으로 구성되어 있는 『격몽요결』은 단순히 아동용 교육 지침서 역할 이상의 의미를 지니는 전 국민의 교육 지침서로 보인다. 제목의 '요결(要訣)'처럼 긴요하면서도 비결이 숨어 있는 보물 같은 책이다.

우삼 송시열은 열두 살 때부터 아버지에게 『격몽요결』을 배워 대학자의 반열에 올랐으며 명재 윤증은 "『격몽요결』은 배우는 자들에게 가장 요긴한 책으로, 현명한 사람이나 어리석은 사람, 노인이나 젊은이 할 것 없이 모두가 그 유익함을 얻게 되니 배우는 자들이 가장 먼저 읽어야 할 책(擊蒙要訣, 最要於學者, 人無賢愚老少, 皆獲其益, 學者最初當讀之書也.)."(「답나현도(答羅顯道)」)이라 했다. 다산 정약용은 아들에게 편지를 보내 책을 읽고 공부하는 방법을 하나하나 일러 주면서 "이것은 대체로 율곡의 『격몽요결』의 변용된 사례라 할 수 있다.(此蓋栗谷擊蒙要

訣之變例者也.)"(「기양아(寄兩兒)」)라고도 했다. 또한 구한말의 학자 면암 최익현은 "넓고 큰 바다도 졸졸 흐르는 시내에서 근원하고, 멀고 먼 만 리 길도 반걸음에서 시작된다. …… 오늘부터 시작하되 석담(石潭, 율곡)의 『격몽요결』과 회옹(晦翁, 주자)의 『소학』에 따라 아침저녁으로 공부하여 조금도 중단하지 않는다면 『주역』의 이른바 '회복하는 것도 멀지 않다.'는 것이니, 여러분은 힘쓰라.(滄海之大, 源於涓流, 萬里之遠, 始自 跬步. …… 自今日爲始, 只從石潭要訣晦翁小學上, 晨夕用工, 無些間斷, 則乃易所謂不 遠復者. 諸君其勉矣哉.)"라고 권하기도 했다.(「서증김씨첨소년(書贈金氏僉少 年)」) 이렇듯 옛사람들은 율곡의 『격몽요결』을 학문을 처음 시작하는 데 가장 큰 지침으로 삼았으나 현대에 들어서는 널리 읽히지 못하고 있는 실정이다.

『격몽요결』은 오늘날의 수양서나 자기 계발서처럼 우리의 감각을 자극하는 문구를 담고 있는 것도 아니요, 저자인 율곡이 대학자로서 권위를 앞세워 당위를 강요하지도 않는다. 그 대신 간결하면서도 평 이한 문장 가운데 스스로 삶을 되돌아보게 하는 깊이 있는 울림이 있 다. 하루가 다르게 급변하는 사회 속에서 정신없이 살아가며 인성을 잃어 가는 현대인에게 다시금 자신을 곧추세우고 마음 자세를 청신하 게 할 지주(支柱)가 되어 줄 충분한 매력을 지닌 책이다.

『삼국유사』에 이어 10여 년 만에 우리 고전 번역 작업을 해 나가면 서 학문의 길 위에 처음 섰을 때를 되돌아보고 초심을 추스르는 계기 를 얻게 되었다. 오늘 내가 걷고 있는 이 길이 과연 바른 길인가, 스스 로 얼마나 진실한 삶을 살아가고 있는가 하는 점 말이다. 또한 마지막

두 장, 「접인장」과 「처세장」을 거듭 읽어 보면서 사람을 대하고 처세하는 법을 다시 한번 점검해 보기도 했다.

내가 이 책을 통해 느꼈던 감동을 독자들도 함께하길 바라는 마음이 간절하다. 적은 분량이지만 결코 작지 않은 내용을 담고 있는 이 책에서 다룬 삶의 자세야말로 율곡이 평생 새기고 지탱한 삶의 응축이라고 할 만한 것들이며 우리 모두가 공유해야 할 소중한 지침이다.

이번 작업에서도 일관된 원칙을 적용하여, 『격몽요결』의 전편을 모두 번역하고 각 편에 간단한 해제와 소제목을 덧붙였으며 간략한 해설에 관련 이야기를 더하여 독자들의 이해를 돕고자 했다.

이번에도 민음사의 신세를 졌다. 늘 고전의 중요성을 강조하고 디자인까지 각별하게 신경 써 주시는 박맹호 회장님께 감사의 말씀을 드린다.

2015년 10월

죽전(竹田)의 선효재(宣曉齋)에서

김원중 적다

『격몽요결』은 어떤 책인가

500여 년의 세월을 묵묵히 지탱해 오면서 뚝심 있게 읽혀 온 책『격몽요결』은 율곡(栗谷) 이이(李珥, 1536~1584년)가 41세인 1579년(선조 9년)에 모든 벼슬을 내려놓고 황해도 해주(海州)의 석담(石潭, 오늘날 벽성군 고산면 석담리)이라는 곳에 은둔하면서 청계당(聽溪堂)을 짓고 자신을 찾아온 제자들을 가르친 경험을 바탕으로 저술한 것이다. 완성 시점은 42세의 겨울이었다. 당시 조선에서는『소학』이 널리 읽히고 있었으나 우리 실정에는 맞지 않는 부분이 있어 새로운 교육 지침서가 필요하다는 생각을 바탕으로 집필했다. 또한 그보다 38년 전인 1541년에 박세무(朴世茂)라는 학자가『동몽선습(童蒙先習)』이라는 책을 쓰기는 하였으나 이 역시 오륜(五倫)을 중심으로 한국과 중국의 역사를 소개하는 데 그쳤을 뿐◆1 이라는 생각도 한몫한 것으로 보인다.

제목의 '격몽(擊蒙)'은 '어리석음을 깨우치다.'라는 뜻이고 '요결(要訣)'은 '중요한 비결'이란 의미로서, 율곡이 서문에서 말한 "학문을 하지 않은 사람은 마음이 막히고 식견이 어둡기 마련이다."라는 인식에서 비롯된 것이다. 이러한 뜻에 따라 짧은 분량이지만 촌철살인의 학

◆1　한영우,『율곡 이이 평전』(민음사, 2013), 289쪽.

습 지침서요, 수양서 역할을 하고 있는 책이 『격몽요결』이다. 여기서 '몽(蒙)' 자는 『주역』「몽괘(蒙卦)」의 상구(上九) 효사(爻辭)에서 나온 것이다. '몽매(蒙昧)하다.'란 의미로서 산 아래의 샘물이 솟아나는 형상을 상징하며, 몽매한 어린이가 깨우치고 나야 발전하는 형국을 상징하여 어린이가 교육을 받고 성장하는 무한한 가능성을 의미한다고 볼 수 있다. '격(擊)'은 '쳐서 깨우치다.'라는 의미이니 몽매한 사람에게 자극을 주어 깨우치기 위한 것이며, '요결'이란 '요긴한 비결'이라는 의미이니 중요하면서도 확실한 비책이 담겨져 있다는 말이다.

『격몽요결』은 초보적인 유학 교재서의 역할에 충실하면서 아울러 동양학 입문서로서도 역할하고 있다. 이미 책이 쓰인 당시부터 널리 알려져, 그보다 2년 전에 율곡이 『대학』의 뜻을 따라 지은 『성학집요(聖學輯要)』[2]와 함께 학문의 방법을 체계적으로 서술한 명저로 손꼽혀 왔다.

율곡이 이 책을 집필한 의도나 책의 구성을 감안하면 기본적으로는 아동 교육용 책으로 보는 것이 적절하다. 모두 10개의 장으로 구성되어 있는데, 책의 제목이나 서문에서 짐작할 수 있듯이 본문도 단호하면서 명쾌한 논조로 구성되어 있다.

율곡이 서문 첫머리에서 "사람이 이 세상에 태어나서 학문이 아니고서는 사람이 될 수가 없다."라고 밝혔듯이 이 책의 근본 취지는 학문을 통해 인간다운 삶을 살아가는 것이다. 독서궁리(讀書窮理), 즉 "책을 읽고 그 이치를 끝까지 연구하는" 대원칙하에 어린이들에게 학

---

[2] 이 책은 임금 신하가 하루에 세 번씩 유교 경전을 읽으면서 토론했던 경연(經筵)의 최고 교재였다.

문의 중요성을 일깨워 주고 일상생활에서 살아가는 방식, 자신을 잘 간수하고 부모님을 모시는 법, 타인을 대하는 법과 사회에 나가가는 법에 이르기까지 사람 노릇 하는 법을 두루 다룬 인성 교육 책이다.

율곡은 퇴계 이황과 함께 조선 성리학의 대가로 손꼽히는 인물이다. 따라서 이 책 또한 개개인의 인성과 사람 사이의 관계를 기본으로 하는 수기치인(修己治人)의 전통적 유가 수양론과 학습론을 동시에 제시하려는 의도를 지니고 있다. 이는 주희(朱熹)를 정점으로 하는 주자학, 즉 성리학적 사유와 맥을 함께하는 것이다. 성리학은 공자와 맹자로 대표되는 선진(先秦) 시대 유학에서 한 걸음 나아가, 마음을 중시하여 모든 공부가 자신의 마음을 다스리는 데서부터 시작한다고 여기며 수기치인의 중요성을 인식했다. 1장 「입지장(立志章, 뜻을 세우다)」에서도 말하고 있듯이 "사람의 본성이란 본래 착해서" 실천하고 노력하면 "누구든 요임금이나 순임금처럼 성인이 될 수 있다."는 것이다.

율곡은 『격몽요결』을 통해 인간의 본연을 지키고 인간으로서의 도리를 다하는 삶이 곧 학문이며, 학문을 통해 누구나 성인이 될 수 있다고 강조하면서 삶의 희망을 이야기하고 있다. 다소 냉철하고 엄격한 유가적 지성(知性)을 가진 듯 보이지만 그의 세계관은 타인을 배려하고 포용과 조화를 중시하는 상생의 세계관을 구축하고 있다.

인간에 대한 따스한 애정과 세상에 대한 치열한 정열을 지닌 율곡이 원숙한 경지에서 써낸 결실 중의 하나가 『격몽요결』인 것이다. 적은 분량에 쉽게 읽히는 책이지만 거듭 읽다 보면 더욱 깊은 통찰을 느낄 수 있고 단출한 가운데 오묘한 맛이 있다.

참교육을 실천한 스승으로 존경받는 율곡은 1536년(중종 31년) 12월 26일, 강릉의 오죽헌 외가에서 아버지 이원수(李元秀)와 어머니 신사임당(申師任堂) 슬하 4남 3녀 중 셋째 아들로 태어났다.[3] 고향은 경기도 파주군 파평면 율곡리로, 율곡이란 호도 여기서 따온 것이다. 어머니 신사임당이 용꿈을 꾸고 낳았기 때문에 어려서는 현룡(見龍)이라고 불렸다.

3세 때 글을 읽었으며, 6세 때 어머니를 따라 서울로 와 살았다. 어머니의 가르침으로 사서(四書)를 깨쳤으며 예닐곱 살 때부터 글을 지을 만큼 탁월한 글 솜씨와 총명함을 일찍이 널리 알렸다. 고향에 화석정(花石亭)이란 정자가 있어 그것을 제목으로 시를 짓기도 하여 주위를 놀라게 했는데 그때 겨우 8세였다. 11세에 아버지 병환이 심하자 피를 뽑아 드리고 사당에서 기도할 정도로 효심도 깊었다.

13세에는 진사 초시(進士初試)에 급제했으나 3년 뒤 16세 때 어머니가 급작스럽게 세상을 떠나 3년 동안 시묘(侍墓)를 하게 된다. 어린 율곡에게 임종도 지키지 못하고 떠나보낸 어머니의 별세는 큰 아픔이었고 극도의 상실감을 안겨 주었다. 결국 슬픔을 견디지 못해 19세에 가족들에게 알리지도 않고 금강산에 들어가 불교에 심취하여 마음을 달래기

◆3   율곡의 생애는 김학주의 『격몽요결』(254~262쪽)의 연보와 한영우의 『율곡 이이 평전』 (341~351쪽)의 연보를 두루 참조하여 작성하였다.

도 하였다.[4] 1년 만에 다시 마음을 바로잡아 집으로 돌아온 율곡은 「자경문(自警文)」을 써 스스로 반성하고 학문에 매진했으며, 23세 때는 퇴계 이황 선생과 학문을 논하기도 하였다. 26세에 아버지가 세상을 떠나자 3년간 시묘했는데, 어머니의 죽음만큼 충격적이진 않았다.

29세에는 대과(大科) 장원 급제를 비롯해 아홉 번이나 장원 급제하여 '구도장원공(九度壯元公, 아홉 번 장원한 분)'이란 칭호가 붙을 정도였다. 이후 율곡은 호조·예조·병조·이조 좌랑, 사간원 정언(正言) 등 청직(淸職)과 요직을 두루 거치게 된다. 강직한 성품의 율곡은 수차례 상소문을 통해 직언하며 자신의 의견을 적극 개진했으나, 생애 단 한 번도 유배를 가는 등의 처벌을 받지 않았다. 32세 때부터 새로운 임금인 선조를 모시면서 개혁의 소신을 과감히 밝혔으나 좌절되자 출사와 은둔의 두 길을 번갈아 걸어가게 된다.

34세에 홍문관 교리가 되었으나 이듬해 병으로 사퇴하고 처가에서 살기도 했다. 율곡은 36세 여름에 다시 교리에 임명되어 벼슬길에 나아가 춘추관 편수관까지 임명되지만 결국 벼슬길을 버리고 해주로 돌아와 은둔하기로 마음먹었다. 이후에도 청주 목사, 황해도 관찰사, 홍문관 부제학에 임명되는 등 관직에 불려나갔으나 병으로 사퇴하는 등 입사와 사퇴를 반복했다.

---

4 1년여간의 승려 생활은 이후 두고두고 그에게 큰 오점으로 남았다고 추정된다. 국시가 성리학인 상황에서 불교에의 귀의가 당시 시대적 풍조에서는 용납되기 어려운 문제였다. 그래서 그가 다시금 과거 공부에 정진하여 여러 번 장원을 했음에도 유생들에게 따돌림 당하며 주변에 머물러야 했던 것이다. 그러나 한영우 교수의 지적처럼 이런 청춘기의 고뇌와 시련이 그의 사상 체계에 있어 중요한 지점인 원융(圓融)과 통합(統合)의 세계관을 자리 잡게 만들었을 것이다. 한영우, 앞의 책, 14~15쪽.

결국 선생은 41세에 율곡리로 돌아갔으며 다시 해주 석담에 자리 잡아 이듬해 12월『격몽요결』을 지었다. 또한 향약을 만들었으며 사창(社倉) 제도를 만들어 백성들의 경제적 궁핍을 해결해 주는 등 물러나서도 백성에게 도움이 될 만한 일을 지속하였다. 44세에는『소학집주(小學集註)』를 지었을 정도로 집필에도 매진하였다.

　　이렇듯 출사와 은둔을 되풀이하던 중 46세에 홍문관 예문관 대제학에 임명되었고 47세 정월에는 이조 판서에 임명되었으며 같은 해에 형조 판서와 병조 판서에 번갈아 임명되었다. 정치적으로 매우 힘든 시기였으나 선조의 비호와 지지 속에 얻은 중책이었다. 그리고 1583년(선조 16년) 유명한 10만 양병설을 주장하기도 했는데 왕조가 건립된 지 거의 200년이 되어 창업의 기운을 잃어 가는 와중에 시시각각 다가오는 국난의 위험에서 벗어나기 위한 대비책이었던 것이다.

　　1584년, 49세 정월에 서울 대사동 자택에서 별세하면서 파란만장한 삶을 마감하게 된다. 정치가요 대학자이며 교육자로서 우뚝 선 율곡은 선영이 있는 파주 자운산에 안장되었으며, 훗날 그의 학문과 덕행을 기리는 자운 서원이 지어졌다.

　　널리 알려진 저서으로는『동호문답(東湖問答)』,『인심도심설(人心道心說)』,『소학집주』,『김시습전(金時習傳)』,『성리학설(性理學說)』,『경연일기(經筵日記)』,『학교모범(學校模範)』등이 있다. 율곡이 남긴 마지막 저서인『육조방략(六條方略)』이란 것이 있으니, 왜 율곡의 시호가 문성(文成)인지 말해 주는 단서가 될 것이다.

　　율곡은 그리 많지 않은 나이인 49세로 세상을 떠나기까지 깊은 학문의 세계를 걸어간 학자였다. 그는 퇴계 이황에게 수시로 편지를 보내 자신이 벼슬하면서 임금을 설득하는 법이라든지 선비의 자세에 대해 자문을 구하곤 했다. 이는 그가 현실과 이상 사이에서 적지 않은 갈등을 겪었음을 반증하는 것이다. 어찌 보면 "냉철한 이성과 따뜻한 영성을 겸비한 여성"[5]인 신사임당과 강직한 외할아버지의 기질을 이어받아 벼슬에 나가면 늘 소신껏 자신의 의견을 개진했고, 낙향하더라도 늘 세상의 근심을 마음속에 품던 선비의 우환(憂患) 의식을 마음에 품고 살았던 것이다.

『격몽요결』은 어떻게 구성되어 있으며, 어떻게 읽을 것인가

　『격몽요결』은 모두 10장으로 구성되어 있으니,[6] 서문으로 시작하여 제1「입지장(立志章, 뜻을 세우다)」, 제2「혁구습장(革舊習章, 낡은 습관을 개혁하라)」, 제3「지신장(持身章, 몸가짐)」, 제4「독서장(讀書章, 책을 읽다)」, 제5「사친장(事親章, 어버이를 섬기다)」, 제6「상제장(喪制章, 장사 제도)」, 제7「제례장(祭禮章, 제사 의례)」, 제8「거가장(居家章, 집 안

◆5　한영우, 앞의 책, 16쪽.

◆6　널리 알려져 있는 판본은 크게 두 가지 정도다. 『율곡전서(栗谷全書)』 권27에 수록되어 있는 것과, 오죽헌에 보존되어 있는 선생의 수초본(手草本)이다. 수초본이라는 이름에 걸맞게 후자가 더 정본의 성격을 띠고 있다고 보이지만, 성격은 다르다. 즉 『율곡전서』에 있는 판본에는 선생의 서문과 본문 10장과 함께 제의초(祭儀抄) 10가지가 상세히 붙어 있는데 제7장의 「제례장」을 보충 설명한 것으로 보인다. 이 제의초는 오늘날의 입장에서는 다소 거리가 있는 것이지만, 조선 시대의 상황에서는 매우 긴요한 것으로 당시의 상제를 이해하기 위한 필수 요목이라고 할 수 있다.

에서의 생활)」, 제9 「접인장(接人章, 사람 대하는 법)」, 제10 「처인장(處世章, 세상에 처하는 법)」으로 이루어져 있다.

서문에서는 책을 짓게 된 동기와 취지를 밝히고 있다. 그리고 이어 제1 「입지장」에서는 맹자의 어록을 인용하여 "사람의 성품이 본래 착한 것"임을 일컬으며 이를 위해 요순(堯舜)을 들어 실증하여 "사람이란 누구든 요임금이나 순임금처럼 성인이 될 수 있다."라고 한다. 서문과 「입지장」을 통해 학문을 시작하기에 앞서 학문을 하는 목표를 성인이 되는 데에 세워야 한다고 강조하고 있는 것이다. 율곡은 성인과 중인(衆人)의 본성에는 차이가 없다면서 뜻을 세우고 공부에 정진하면 누구나 성인이 될 수 있다고 말한다.

제2 「혁구습장」에서는 여덟 가지 나쁜 습관의 세부 조목을 통해 뜻을 세우고 난 다음의 할 일에 대해 논하고 있다. 여기서도 유가 경전에서 제시된 삶의 자세 등이 잘 나타나 있는데, 『논어』의 「양화」 편이나 「위령공」 편 등을 인용하면서도 독특한 논조의 조목을 제시하였으니 이에 관한 유가 경전의 구절의 연원을 추적해 보고 그것들과의 상호 연관성과 차이점 등을 밝히고자 한다.

제3 「지신장」에서는 몸가짐의 중요성을 말하면서 구체적으로 아침에 일찍 일어나 의관을 가지런히 하고 엄숙한 모습을 갖추고 말과 행동은 신중하며 함부로 하지 말아야 한다는 내용을 강조한다. 이런 내용들 역시 본문에도 인용되어 있지만 『논어』의 구절인 "주충신(主忠信)"이란 구절과 그에 대한 주희의 해석 등을 중심으로 하여 전개하고 있다. 좀 더 구체적으로 보면, 『소학』 「경신(敬身)」 편의 '명위의지칙(明威儀之則)'조와 관련된 구용(九容, 아홉 가지 용모)과 구사(九思, 아홉 가지 생각), 『논어』「안연」편에 나오는 사물(四勿, 네 가지 하지 말아야 할 것), 극기(克己) 등을 핵심 내용으로 삼아 학문을 하는 목적이 단순한 지식 습득의 과정이 아니라 성인이 되려는 것이고, 그러기 위해서는 몸과 마음을 경건하게 하는 것이 선행되어야 함을 구체적으로 제시하고 있다. 이 장 또한 『논어』「위령공」편과 「헌문」편 등의 구절과 상당히 깊은 연관성을 지니고 있다.

제4 「독서장」에서는 독서하는 방법을 말하면서 마음을 한곳에 모아 집중하고 숙독하여 그 뜻을 깊이 생각하고 실천할 방법을 찾아보라 당부한다. 그리고 책 읽는 순서를 정하여 맨 처음에는 『소학』을 읽고 맨 마지막에는 성리학 관련 서적들을 읽어야 하며 시간이 나면 역사서도 읽으라고 권고한다. 다만 이단이나 잡서 등은 조급히 읽지 말고 앞서 언급한 유형의 책들을 두루 읽고 난 다음 나름의 안목이 생기고 나서 선별하여 읽으라는 주의를 함께 남긴다. 특히 율곡은 섭렵을 경계하였다.

제5 「사친장」에서는 부모를 섬기는 법, 즉 효도의 중요성과 그 방법을 말하고 있다. 부모님이 날 낳아 주시고 길러 주신 데 대한 은혜를 갚아야 하며 부모님을 정성껏 봉양하고 공경하는 마음 자세를 가지라 하면서 성심성의껏 효도하라고 가르치고 있다. 이 「사친장」은 논조가 유사한 『명심보감』의 「효행(孝行)」편과 비교하며 함께 읽어 보면 좋을 듯하다.

제6 「상제장」에서는 장례 제도에 대해 설명하고 있다. 주희의 『가례』를 모본으로 삼아야 한다는 기본을 밝히고, 부모의 상뿐 아니라 친척이나 친구나 스승의 상 등에 대해 다양한 예를 들어 풀어냈다.

제7「제례장」에서는 제사의 규범을 설명하고 있으며 여기서도 기본 틀은『가례』에 따라야 한다고 전제하고 있다.『가례』가 당시의 현실과 좀 덜 맞는 측면이 있다고 하더라도 조선 시대 사대부들을 비롯한 일반 사람들로 하여금 구체적인 제도를 알게 하고자 하였고 여전히 지방과 여건에 따르는 융통성 발휘를 시사하는 등 율곡 나름의 독창적인 견해도 적지 않으므로 이에 대한 지식도 얻을 수 있다고 본다. 이 장에서 율곡은 제사를 주관하는 자가 구체적으로 해야 할 일 등을 세세히 설명하고 있다. 상례와 제사 문제는 오늘날에도 이어지고 있는 의식이요 절차들인데 과연 조선 시대의 상황은 어떠했는가 살펴보는 계기를 마련해 줄 것으로 보인다.

제8「거가장」에서는 가정[7]을 다스리는 법을 알려 주고 있다. 관례와 혼례, 남녀유별과 내외의 법도가 존재하는 부부 사이의 예의 규범이나, 아버지와 아들, 형제간의 관계 등과 심지어 비복을 다스리는 법이라든지 남의 도움을 받더라도 명분과 의리에 입각해야 하는 것 등 내용도 다양하다. 특히 가족 관계가 해체되는 작금의 상황에서「거가장」에서 제시한 가장으로서 집안을 이끌어 가는 방법과 원칙 등은 현대인에게도 공감대를 형성할 만한 귀감이 된다.

---

[7] 가정의 역사는 혼인의 역사요 여성의 역사라고 해도 과언이 아니다. 그러나 전통 사회에서 여성의 성 역할과 여성이 남성과 갖는 관계는 여성 그 자체의 정체성과 관련된 범주에 속하는 것이 아니고 철저히 가정에 존재하는 뿌리 깊은 유교 이데올로기, 즉 아버지로부터 아들, 그리고 손자로 이어지는 남성 중심의 계보학에 종속되는 개념으로 이어져 온 면도 없지 않았다. 조선의 가정은 부계(父系), 부권(父權), 시가(媤家) 등 세 가지 측면에서 강조된 도덕적 법적 모형을 획득하고 있고 그런 것의 한 단면을 보여 주는 것이 바로 관혼상제(冠婚喪祭)이다.「거가장」또한 이러한 맥락 위에 쓰인 글이다.

제9 「접인장」에서는 사람을 대하는 예법을 제시하고 있다. 연장자나 친구 사이에 지켜야 할 예법을 강조하면서 소인처럼 굴지 말고 인을 베풀 것을 가르친다.

맨 마지막 제10 「처세장」에서는 벼슬에 관한 규범을 가르친다. 과거 시험 때문에 학문을 망쳐서는 곤란하다는 당부를 앞세우고, 벼슬에 급급하여 벼슬자리를 잃을까 두려워해서는 안 되고 늘 청렴한 자세로 공직에서 일해야 한다는 점도 강조하고 있다. 관료제 국가가 부활되면서 교육받은 관료가 필요했고, 이들을 선발하는 과거 제도는 어찌 보면 필요악이었던 셈이다.

이렇게 구성되어 있는 책 『격몽요결』은 시대를 뛰어 넘는 보편적 가치를 획득하고 있다. 무지몽매한 사람이든 아니든 간에, 학문에 뜻을 두건 그렇지 않건 간에, 아이들이든 어른이든, 대중이든 성인이든 간에 이 책은 참사람이 되기 위한 기본적인 소양을 말하는 책이기 때문이다. 그리고 공부하는 자세와 방법뿐 아니라 가족과 이웃, 친구, 스승, 윗사람, 아랫사람 등등 수많은 인간관계를 맺으며 살아가는 우리에게도 좋은 지침의 역할을 한다. 이 『격몽요결』이 오늘날의 시각에서 보면 더러는 당시 봉건 사회의 윤리 도덕과 가부장적 사회질서를 유지하는 데 필요한 내용들도 적지 않게 들어 있다 하더라도, 21세기의 대한민국에서 이 책에 논의되고 있는 내용들을 송두리째 부정할 만한 사람은 별로 없을 것이다. 그만큼 이 책은 우리의 정서와 맞닿아 있는 부분이 많다는 말이다.

이 책은 당시 조헌(趙憲)을 비롯한 문인들에게도 영향을 주었고 인조 때는 팔도의 향교에 반포될 만큼 널리 알려지게 되었다. 심지어 정조는 강릉 오죽헌에 보관된 친필본을 읽고는 서문을 지어 "존중하고 사모하는 분"이라고 극찬했을[8] 정도였다. 이러한 호평은 이 책을 관통하고 있는 학문적 지향에서 나온다고 해도 과언이 아닐 것이다.

그러므로 이 책을 통하여 우리는 조선 시대 교육의 양상이 어떤 방향에서 이루어졌는가를 살펴볼 수 있으며, 인문학이 시대의 화두로 자리 잡은 요즘, 율곡이 필독서의 목록으로 제시한 유가 경전과 송 대 성리학서 등 문사철과 관련된 고전들이 왜 오늘날 우리에게도 여전히 매력을 잃지 않는지 그 이유도 알 수 있을 것이다.

◆ 8 정조가 지은 서문은 율곡을 제사하는 소현 서원(紹賢書院)에 걸게 했다고 한다. 한영우, 앞의 책, 116쪽.

차례

서문

序

글자 그대로 저자가 이 책을 짓게 된 동기와 의도를 단호하고도 명쾌한 논조로 밝혔다. 학문의 중요성을 강조하면서 일상과 인생을 살아가는 데 필요한 것이 무엇인지에 대해 쓰고 있다. 따스한 인간미 그리고 교육에 대한 관심과 열정이 행간마다 배어 있다.

사람이 이 세상에 태어나서 학문이 아니고서는 사람이 될 수가 없다. 학문이라고 말하는 것은 또한 이상스럽거나 별다른 사건이나 물건[1]이 아니다. (학문이란) 단지 아비 된 사람은 자애로워야 하고 자식 된 사람은 효도해야 하며, 신하가 된 사람은 충성을 다해야 하고, 부부가 된 사람은 분별이 있어야 하고, 형제가 된 사람은 우애가 있어야 하며, 젊은 사람은 웃어른에게 공손해야 하고, 벗이 되었다면 믿음이 있어야 한다는 것이다. 모두 나날이 살아가는 일상의 행동에서 저마다 그에 마땅한 일을 따르면 될 뿐이고, 마음을 아득하고 묘한 곳으로 내달려 기이한 효과를 바라는 것이 아니다.

다만 학문을 하지 않은 사람은 마음이 막히고[2] 식견이 어둡기 마련이다. 그러므로 모름지기 책을 읽고 이치를 끝까지 연구하여 마땅히 행해야 할 길을 밝혀야 하며, 그러고 난 다음에야 학문의 조예가 올바름을 얻게 되고 실천하는 데에 중심을 잡게 될 것이다.

◆1 '별건물사(別件物事)'를 번역한 것인데, '별건'이란 일상생활에서 벗어나 있다는 의미를 담고 있고, '물사'는 사물과 사건이란 의미로서 공간적이고 시간적인 의미를 함축하고 있다.

◆2 '막히다'라는 뜻의 '모색(茅塞)'이란 본래 『맹자』 「진심 하」 편에서 맹자와 고자(高子)와의 대화 중에 나오는 말이다. "산속의 작고 좁은 길은 잠깐이라도 그 길을 다니면 큰 길이 되지만, 한동안 다니지 않으면 풀이 자라나 길을 막는다.(山徑之蹊, 間介然用之而成路, 爲間不用, 則茅塞之矣.)"

요즘 사람들은 배움이 나날의 생활에 있음을 알지 못하고 까마득히 높고 멀어서 (보통 사람으로서는) 행하지 못할 일이라고 헛되이 생각한다. 그리하여 학문을 다른 사람에게 미루고 스스로는 포기해 버리니[3] 어찌 슬픈 일이 아니겠는가?

◆ 人生斯世, 非學問, 無以爲人, 所謂學問者, 亦非異常別件物事也. 只是爲父當慈, 爲子當孝, 爲臣當忠, 爲夫婦當別, 爲兄弟當友, 爲少者當敬長, 爲朋友當有信, 皆於日用動靜之間, 隨事各得其當而已, 非馳心玄妙, 希覬奇效者也. 但不學之人, 心地茅塞, 識見茫昧. 故必須讀書窮理, 以明當行之路然後, 造詣得正, 而踐履得中矣. 今人, 不知學問, 在於日用, 而妄意高遠難行. 故推與別人, 自安暴棄, 豈不可哀也哉.

제자들을 위해, 그리고 나 자신을 위해

내가 해산(海山)의 남쪽에 살고 있을 때 학도 한두 명이 찾아와 나에게 배우기를 청했다. 나는 그들의 스승이 되지 못함을 부끄럽게 여겼고, 한편으로는 또 처음 배우는 사람들이 아무런 방향도 알지 못하고 굳건한 뜻이 없이 그저 아무렇게나 이것저것 배우겠

◆3 '포기(暴棄)'란 『맹자』 「이루 상」 편에 나온다. "스스로를 해치는 자는 더불어 말할 수 없고, 스스로를 버리는 자는 더불어 행동할 수 없다. 말로는 예의를 비난하는 사람을 스스로 해치는 자라고 하고, 나 자신은 인와 의를 실천할 수 없다고 말하는 사람을 스스로를 버리는 자라고 한다.(自暴者, 不可與有言也, 自棄者, 不可與有爲也. 言非禮義, 謂之自暴也, 吾身不能居仁由義, 謂之自棄也.)"

다고 한다면 저들에게나 나에게나 도움이 되지 못하고 도리어 다른 사람의 조롱거리만 될까 두려운 생각이 들었다.

이에 간략히 책 한 권을 써서 마음을 세우고 몸을 삼가며 부모를 섬기고 남을 대하는 일 등의 방법을 거칠게나마 적어 『격몽요결』이라고 이름 지었다. 학도들로 하여금 이것을 보게 하여 마음을 씻고 자리에 똑바로 서서 바로 그날로 공부에 손을 대게 하고자 하며, 또 나 역시도 오랫동안 옛 습속에 얽매어 근심하던 차에 이 책으로 스스로 경계하고 반성하고자 한다.

정축년(1577년) 12월 덕수* 이이 쓰다.

◆ 余定居海山之陽, 有一二學徒, 相從問學, 余憨無以爲師, 而且恐初學, 不知向方, 且無堅固之志, 而泛泛請益, 則彼此無補, 反貽人譏. 故略書一冊子, 粗敍立心飭躬奉親接物之方, 名曰擊蒙要訣, 欲使學徒, 觀此, 洗心立脚, 當日下功, 而余亦久患因循, 欲以自警省焉.
丁丑季冬, 德水李珥書.

간략하면서도 정확하게 율곡 자신의 관점을 서술한 명문이다. 학문의 목적이 단순히 지식을 얻는 데 있는 것이 아니라 수양하는 데 있음을 말하고 있다.

"위부당자(爲父當慈)", 즉 "아비 된 사람은 자애로워야" 한다는 구절로 시작하는 문장에서 볼 수 있듯이 부모와 자식, 임금과 신하, 남편과 아내, 형과 아우, 어른과 젊은이, 그리고 친구들 사이의 인간관계에서 도리를 다하는 것의 중요성에 대해 강조하고 있다. 다시 말해 학문은 별다른 것이 아니며, 일상생활 속에서 사람이 마땅히 지켜야 할 도리인 오륜(五倫)을 잘 행하는 것이야말로 학문이라는 것이다.

율곡은 학문을 통해야만 비로소 인간다운 삶을 살아갈 수 있다고 전제하면서 먼저 독서궁리(讀書窮理), 즉 "책을 읽고 이치를 끝까지 연구하여" 사람이라면 온당히 가야 할 길을 밝히는 것이 바탕 되어야 한다고 말한다. 누구나 학문을 할 수 있음에도 사람들은 아득한 것으로만 여겨 지레 자포자기하는 것을 안타깝게 여겼다.

후반부에는 이 책을 지은 동기에 대해 밝혔다. 율곡은 자신이 거처하고 있는 곳까지 제자들이 찾아와 배움을 청했는데 자신에게 스승의 자질이 부족한 것이 부끄러웠으며, 이를 계기로 적어도 처음 학문의 길에 들고자 하는 이들에게 방향을 제시해 주어 우왕좌왕하지 않도록 도와주어야겠다는 생각이 들었다. 이러한 의도에 따라 본문에서는 학문을 함에 먼저 뜻을 세우고, 부모님을 모시고 남을 대하는 일 등에 대해 설명했다는 대략을 알렸다. 처음 배움을 시작하는 이들이 이 책을 통해 당장에 학문을 실행에 옮길 것을 희망하며, 율곡 자신 역시 이 책을 통해 스스로 경계하며 살 것을 다짐하고 있다.

1장

뜻을 세우다

立志章 第一

학문을 하는 자가 갖추어야 할 것은 먼저 글자 그대로 뜻을 세우는 일이다. 인간의 본성은 저마다 차이가 없이 완전하기에 모든 사람이 성인의 자질을 타고난다. 그러니 스스로 바꿀 수 있는 것과 바꿀 수 없는 것의 한계를 명확히 인식하면서 성인이 되겠다는 의지를 분명히 하고 나서 학문에 뜻을 세우고 즉시 정진하라는 메시지를 전하고 있다.

1

스스로 기약하라

처음 학문을 하는 사람은 먼저 모름지기 뜻을 세워서 반드시 성인(聖人)[1]이 될 것을 스스로 기약하고, 한 터럭이라도 자기 스스로를 하찮게 여겨 핑계거리나 대려는 생각을 가져서는 안 된다. 대체로 보통 사람도 성인과 그 본성(本性, 근본적인 성품)은 일치한다. 비록 (그) 기질(氣質)[2]에 맑은 것과 흐린 것, 순수한 것과 잡된 것의 차이는 없을 수 없다고 하겠으나 참으로 알고 몸소 실천해서 몸에 젖은 옛 습성을 버리고 타고난 본래의 성품을 되찾을 수 있다면 여기에 털끝만큼이라도 더 보태지 않아도 온갖 착한 일을 충분히 갖출 수가 있는 것이다. (그러니) 어찌 보통 사람들도 성인이 되려고 스스로 기약하지 않을 수 있겠는가?

그렇기 때문에 맹자(孟子)는 사람의 성품이 본래 착한 것임을 말하면서 반드시 요순(堯舜)을 일컬어 실증하여 "사람은 누구든 요임금이나 순임금처럼 (성인이) 될 수 있다."라고 했으니,[3] 어찌 우리

◆1 성인은 본래 요임금이나 순임금처럼 덕망이 뛰어나고 판단력과 통찰력이 있는 이상적인 사람을 의미하는데 율곡은 학문의 과정을 통하면 누구든 성인의 경지에 도달할 수 있다고 본다는 점에서 주자학과 그 맥을 함께하고 있다.

◆2 앞의 '본성'이란 말이 선천적인 본래의 성품이라고 한다면 '기질'은 사람이 살아가면서 변화해 가는 성질을 말하며 이 또한 주자학의 용어다.

◆3 인간의 본성은 선하다는 성선설(性善說)은 맹자의 사상적 기초이다. "인간은 다른 사람의 고통을 차마 볼 수 없는 마음을 가지고 있다. …… 사람에게는 타인의 고통을 차마 눈 뜨고 볼 수 없는 마음이 있다고 말하는 까닭은 (이렇다.) 지금 어떤 사람이 만약 어린아이가 우물에 빠지려고 하는 것을 갑자기 보게 된다면, 모두들 놀라움과 측은한 감정

를 속인 말이겠는가?

◆ 初學, 先須立志, 必以聖人自期, 不可有一毫自小退託之念. 蓋衆人與聖人, 其本性則一也, 雖氣質不能無淸濁粹駁之異, 而苟能眞知實踐, 去其舊染, 而復其性初, 則不增毫末, 而萬善具足矣. 衆人, 豈可不以聖人自期乎. 故孟子道性善, 而必稱堯舜, 以實之口人皆可以爲堯舜, 豈欺我哉.

누구나 성인의 자질을 타고나는 법

(우리는) 늘 마음을 떨치고 일어나 이렇게 생각해야 한다.

을 경험하게 될 텐데, 그 어린아이의 부모에게서 내적 교분을 맺으려는 것도 아니고, 마을 사람들과 친구들의 칭찬을 듣기 위해서도 아니며, 그러한 감정을 느끼지 않았다는 비난이 싫어서도 아니다. 이런 것에서 볼 때, 측은지심이 없으면 인간이 아니며, 수오지심이 없으면 인간이 아니고, 사양지심이 없으면 인간이 아니며, 시비지심이 없으면 인간이 아니다.(人皆有不忍人之心. …… 所以謂人皆有不忍人之心者. 今人乍見孺子將入於井. 皆有怵惕惻隱之心. 非所以內交於孺子之父母也. 非所以要譽於鄕黨朋友也. 非惡其聲而然也. 由是觀之, 無惻隱之心, 非人也, 無羞惡之心, 非人也, 無辭讓之心, 非人也, 無是非之心, 非人也.)"(『맹자』「공손추 상」)

공자가 '인(仁)'으로써 '인(人)'을 규정하며 내세운 인간다움의 명제는 2000여 년 동안 이어져 왔다. 맹자는 이를 더 확충하여 사단설(四端說), 즉 측은지심, 수오지심, 사양지심, 시비지심을 말했다. 본성에서 우러나오는 이 네 가지 마음이 인의예지(仁義禮智)의 근원이라는 것이 맹자의 성선설이다. 이러한 생각이 사람은 모두 요순이 될 수 있다는 발언으로 이어졌다. "맹자는 성품은 선하다고 말할 때 요임금과 순임금을 반드시 일컬었다.(孟子道性善, 言必稱堯舜.)"(『맹자』「등문공 상」)

맹자가 말하는 '성(性)'은 '하늘이 나에게 준 것(天所以與我者)'이며, 『중용』에서 "하늘이 명한 것을 '성'이라고 하고, '성'에 따르는 것을 '도'라고 한다.(天命之謂性, 率性之謂道)"라고 한 것과 같은 맥락에서 볼 수 있다.

'사람의 성품은 본래 착해서 옛날이나 지금이나 지혜로움과 어리석음에는 다름이 없다. 그런데 성인은 어찌 홀로 성인이 되고 나는 어찌 홀로 보통 사람이 되었는가? (이는) 진실로 내 뜻이 확고히 서지 못하고, 아는 것이 분명치 못하며, 행실이 독실하지 못한 데서 말미암은 것이다. 뜻을 확고히 세우고 아는 것을 분명하게 하고 행실을 독실하게 하는 일들은 모두 나 자신에 달려 있을 뿐이니, 어찌 다른 사람에게 구하겠는가? 안연(顔淵)은 '순(舜)은 어떤 사람이며 나는 어떤 사람인가? 순임금처럼 행하면 순임금처럼 될 수가 있을 것이다.'◆⁴라고 말했다. 나 또한 안연이 순임금이 되기를 바랐던 일을 법도로 삼아야 할 것이다.'

◆ 當常自奮曰, 人性本善, 無古今知愚之殊. 聖人何故, 獨爲聖人, 我則何故, 獨爲衆人耶. 良由志不立, 知不明, 行不篤耳, 志之立, 知之明, 行之篤, 皆在我耳, 豈可他求哉. 顔淵曰舜何人也, 予何人也, 有爲者, 亦若是, 我亦當以顔之希舜爲法.

◆4 『맹자』「등문공 상」편의 구절을 인용한 것이다. 맹자는 등문공이 세자로 있을 때 만난 적이 있는데, 당시 맹자는 문공에게 사람의 타고난 본성은 선하므로 자신이 노력하기만 하면 요순처럼 된다고 말하였으나, 나이가 어렸던 문공은 그 말을 믿지 않았다. 그러자 맹자가 안연의 말을 인용하여 입증하려 한 것이다. 안연은 공자로 제자로서 빈한했으나 그런 자신의 처지를 아랑곳하지 않고 나름대로 선을 행하여 마침내 공자의 으뜸가는 제자가 되었지 않았느냐 하는 뜻이다.

바꿀 수 있는 것과 바꿀 수 없는 것

사람의 용모는 못생긴 것을 바꾸어 예쁘게 할 수 없고, 육체의 힘은 약한 것을 바꾸어 강하게 할 수 없으며, 신체는 키 작은 것을 바꾸어 크게 할 수 없다. 이것은 이미 정해진 분수이니 고칠 수 없는 것이기 때문이다.

(그러나) 오직 마음과 뜻은 어리석은 것을 바꾸어 지혜롭게 할 수도 있고, 모자란 것을 바꾸어 어질게 할 수 있으니 이는 (사람의) 마음이란 그 비어 있음과 차 있음이 선천적으로 타고남에 얽매여 있지 않기 때문이다. 지혜보다 더 아름다운 것이 없고 어짊보다 더 귀한 것이 없으니 무엇이 괴로워서 어질고 지혜롭게 되지 못하고 하늘이 부여한 본래의 성품을 깎아 먹으려 한단 말인가?

사람마다 이런 뜻을 보존하고 굳게 견지하여 물러서지 않는다면 거의 도(道)에 가까워질 수 있을 것이다.

◈ 人之容貌, 不可變醜爲姸, 膂力, 不可變弱爲强, 身體, 不可變短爲長, 此則已定之分, 不可改也, 惟有心志, 則可以變愚爲智, 變不肖爲賢, 此則心之虛靈, 不拘於稟受故也, 莫美於智, 莫貴於賢, 何苦而不爲賢智, 以虧損天所賦之本性乎. 人存此志, 堅固不退, 則庶幾乎道矣.

뜻을 세우면 즉시 공부하라

  대체로 사람들은 뜻을 세웠다고 스스로 말하면서도, 곧장 나아가 공부하려 하지 않고, 머뭇거리면서 (누군가 알려 주기를) 기다리고 있다. 이름만으로는 뜻을 세웠다고 하지만, 실제로는 학문을 향하려는 징성이 없기 때문이다. 만일 내 뜻이 정말로 학문에 있다면 곧 인(仁)°⁵은 나에게서 말미암은 것이니, 그것을 바라여 이르고자 함에 어찌하여 다른 사람에게서 구하고°⁶ 어찌하여 나중을 기약하겠는가?

  (따라서) 뜻을 세우는 것이 귀한 이유는 (뜻을 세우면) 공부를 해 나가면서도 오히려 다다르지 못할까 두려워하고 조금도 뒤로 물러서지 않음을 생각하고 또 생각하기 때문이다. 만일 혹시라도 뜻이 정성스럽고 독실하지 않아 (옛 습성을 버리지 못하고) 머뭇거리며 날을 보내면 해를 다하여 세상을 마칠 때까지 어찌 성취하는 것이 있

◆5 '인'은 공자의 사상에서 가장 핵심적인 개념이다. 청나라 학자 완원(阮元)은 『논어』에 '인' 자가 105번 쓰였다고 밝혔다. 공자는 이 개념을 '사람을 사랑하는 것' 혹은 '사람을 사람답게 대하는 것'의 의미에서 썼다. 공자는 '인'의 실천 방법으로 효(孝), 제(悌), 충(忠), 서(恕), 예(禮), 악(樂)을 제시했다.

◆6 이 문장의 원문은 『논어』「안연」편의 다음 구절에서 나온 것이다. 안연이 인(仁)을 공자에게 여쭈었을 때 공자의 말씀은 이러했다. "자기를 이겨내고 예로 돌아가는 것이 인이다. 하루라도 자기를 이겨내고 예로 돌아가면, 천하가 인에 돌아갈 것이다. 인을 행하는 방법은 자기로부터 말미암는 것이다. (어찌) 다른 사람으로부터 말미암는 것이겠는가?(克己復禮爲仁, 一日克己復禮, 天下歸仁焉, 爲仁由己, 而由人乎哉.)"

겠는가?◆7

◆ 凡人自謂立志, 而不卽用功, 遲回等待者, 名爲立志, 而實無向學之誠故
也. 苟使吾志, 誠在於學, 則爲仁由己, 欲之則至, 何求於人, 何待於後哉.
所貴乎立志者, 卽下工夫, 猶恐不及, 念念不退故也. 如或志不誠篤, 因循
度日, 則窮年沒世, 豈有所成就哉.

◆7　유가의 도통(道通)에서 배제되어 이단자 취급을 받은 순자(荀子)는 그의 책 『순자』에서
학문을 권하는 내용의 「권학」 편을 첫머리에 두고 이렇게 말하였다. "배움이란 그만둘
수 없는 것이다. 청색은 그것을 쪽빛에서 취하였지만 쪽빛보다 푸르고, 얼음은 물이 그
렇게 된 것이지만 물보다 차다.(學不可以已. 靑取之於藍, 而靑於藍, 冰水爲之, 而寒於水.)" 여기
서 순자가 강조하는 것은 학문에 뜻을 둔 사람은 늘 노력해야 하며 중도에 그만두어서
는 안 된다는 말이다.

해설

　율곡은 배움에 있어 뜻을 세우는 것, 즉 입지(立志)의 중요성을 말하고 있다. 맹자의 성선설에 바탕을 두어, 몸에 젖은 옛 습성을 버리고 스스로 타고난 본래의 선한 성품으로 돌아가면 보통 사람도 성인이 될 수 있다고 강조한다. 그러기 위해서는 확고한 의지를 갖고 성인이 되는 것을 목표로 뜻을 세워야 한다. 그래야 흔들림 없이 학문에 정진할 수 있기 때문이다. 말뿐 아니라 행실도 함께 따라가야 하는 것은 당연하다.

　여기서 주목할 점은, 공자도 성인은 드물다 하면서 군자(君子) 정도라도 만날 수 있으면 괜찮다고 했음에도, 율곡은 보통 사람이 왜 성인이 될 수 없느냐고 강변하는 점이다. 이는 송 대 성리학자인 주희(朱熹)를 정점으로 하는 성리학자들의 학문 목표가 바로 성인이 되는 것임과 같은 맥락에서 보아야 한다. 물론 성인이 된다는 것은 매우 이루기 어려운 목표이지만 다만 적어도 이런 마음 자세를 갖고 학문에 임하라는 율곡의 절박함이 배어 있다. 『논어』 첫머리에도 "배우고 때때로 그것을 익히면 또한 기쁘지 않은가?(學而時習之, 不亦說乎?)"라고 했듯이 배움이란 벼슬이나 권력에 대한 욕망의 추구를 위한 것이 아니며 혼란한 시대에 처할수록 자신을 수양하고 학문을 익혀 나가야 한다는 메시지를 던지는 것이다.

　본성으로 돌아가 성인이 되고자 하는 뜻을 세우라는 당부에 이은

"이미 정해진 분수(已定之分)"란 구절이 인상적이다. 자신이 어쩔 수 없는 외향적인 것들은 도외시하고 자신이 다스릴 수 있는 내면적인 것에 힘쓰라는 말이다. 율곡 선생의 의중이 여기에 반영되어 있을 것이다. 과연 행복은 어디에서 나오는가? 부와 명예에서 나오는 것일까? 한계 없는 욕망은 우리를 불행으로 이끈다. 자신에게 맞는 삶을 살며 도리를 다하고 스스로를 바로 세우기 위해 꾸준히 노력하는 것이 바로 행복해지는 길이다. 그리고 이 길에 들어서는 열쇠가 바로 학문에 뜻을 두는 것이다.

행복이란 물질과 지위의 문제가 아니라 바로 자신의 마음으로 느끼는 것이며 학문이야말로 바로 그런 것이 아니겠느냐는 말이다. 또한 현재의 삶에서 더 나은 삶으로 나아가기 위한 희망의 지름길이기도 하다. 그렇기 때문에 율곡은 뜻을 세운 뒤 즉시 공부에 힘쓰라고 힘주어 말한다. 학문은 누가 쥐어 주는 것이 아니라 스스로 해 나가야만 하는 것이며 잠시라도 주저하면 결국 죽는 날까지 이루는 것이 없을 것이라고 경고한다. 주저앉지 않고 스스로 앞으로 나아가기 위해 정성스럽고 독실하게 뜻을 세우는 것이 우선되어야 하는 것이다. 마지막으로 주희의 말을 한번 되새겨 보기로 하자.

집안이 가난하더라도 가난함으로 인하여 배움을 버려서는 안 되고,
집안이 부유하더라도 부유함을 믿고 배움을 게을리해선 안 된다.
가난한 자가 만약 부지런히 배운다면 몸을 세울 수 있을 것이요,
부유한 자가 만약 부지런히 배운다면 명성이 곧 빛날 것이다.
오직 배운 자가 현달하는 것은 보았지만

배운 사람인데도 성취하지 못하는 것은 보지 못했다.

배움이란 곧 몸의 보배요, 배운 사람이란 곧 세상의 보배다.

이 때문에 배우면 곧 군자가 되고 배우지 않으면 소인이 될 것이니

뒷날 배우는 자들은 모름지기 각각 배움에 힘쓸 일이다.

(家若貧, 不可因貧而廢學. 家若富, 不可恃富而怠學, 貧若勤學, 可以立身, 富
若勤學, 名乃光榮, 惟見學者顯達. 不見學者無成, 學者, 乃身之寶, 學者, 乃世之
珍. 是故, 學則乃爲君子, 不學則爲小人, 後之學者, 宜各勉之.(『명심보감』「근학
(勸學)」))

2장

낡은 습관을 개혁하라

革舊習章 第二

학문을 뜻을 두었어도 성취하기 힘든 이유는 바로 옛날의 낡은 습성에 길들여져 있기 때문이다. 이러한 습성을 단호하게 끊어 버리기 전에는 어떤 성취도 기대하기 힘들다. 말하자면 일상의 삶 속에서 곧잘 저지르는 그릇된 생활 습관을 버려야 하며, 구체적으로 8개 조항을 반드시 떨쳐 버리라고 강조한다.

낡은 습관이 학문을 막는다

사람이 비록 학문에 뜻을 두었다 하더라도 용감하게 앞으로 똑바로 나아가 (학문을) 이루지 못하는 자는 낡은 습관이 그 뜻을 막아 실패하게 하기 때문이다.

낡은 습관의 조목을 아래와 같이* 열거하니, 만일 뜻을 채찍질해서 통렬히 끊어 버리지 않으면 끝내 학문의 터전이 없게 될 것이다.

◆ 人雖有志於學, 而不能勇往直前, 以有所成就者, 舊習有以沮敗之也, 舊習之目, 條列如左, 若非勵志痛絶, 則終無爲學之地矣.

버려야 할 여덟 가지 낡은 습관

첫째는 그 마음과 뜻을 게을리하고 그 몸가짐과 거동을 멋대로 한 채 단지 한가하고 편안하게 지낼 것만 생각하고 구속당하는 것을 매우 싫어하는 것이요,

둘째는 항상 부산 떠는 것만 생각하고 고요함을 지키려 애쓰지

◆ 1 원문은 '여좌(如左)'로 '왼편과 같이'라는 의미인데 번역은 '아래와 같이'라고 번역하였다. 원문은 한문을 쓸 때 오른편에서 왼편으로 써 내려간 데서 나온 말이고, 오늘날은 세로 쓰기의 형태가 아니라 가로쓰기 형태를 쓰고 있으므로 그에 맞춰 번역한 것이다.

않으며 어지럽게 드나들면서 말이나 일삼으면서 세월을 보내는 것이며,

셋째는 (다른 사람들과) 같은 것을 좋아하고 다른 것을 미워하면서 세속적인 데에 빠져들었다가 조금이나마 행실을 닦고 삼가려 해도 뭇사람들로부터 어그러질까 두려워하는 것이고,

넷째는 글을 꾸며 세상에서 칭찬받는 것을 좋아하여 경전(經傳)[2]에 있는 글을 몰래 훔쳐와 헛되이 화려하게 꾸미는 것이며,

다섯째는 글재주에만 공을 들이고, 거문고 뜯으며 술 마시기를 일삼아 한가롭게 세월을 보내면서 스스로는 맑은 운치를 갖고 있다고 말하는 것이고,

여섯째는 한가로운 사람들을 모아 놓고 바둑 두고 장기나 두는 것을 일삼으며 배부르게 먹는 것을 온종일 하여[3] 하루를 허투루 보내고도 다만 남과 다투는 데만 힘쓰는 것이며,

일곱째는 잘살고 귀하게 사는 것을 부러워하고 가난하고 천하게 지내는 것을 싫어하며 너절한 옷과 거친 음식을 부끄러워하는 것이고,

여덟째는 탐하는 욕망에 절도가 없어 끊거나 절제하지 못하고 재물과 이익이나 노래와 여색의 맛을 사탕처럼 여기는 것이다.

◆2 '경(經)'은 성인이 쓴 글이고 거기에 붙인 해설이 바로 '전(傳)'이다.
◆3 이 문장은 『논어』 「양화」 편에 나오는 구절이다. "공자께서 말씀하셨다. '배부르게 먹는 것을 온종일 하고 마음 쓰는 데가 아무것도 없다면 곤란하구나. 육박(장기의 일종)과 바둑이라도 있지 않은가? 그런 것이라도 하는 것이 더 현명하다.'(子曰 "飽食終日, 無所用心, 難矣哉. 不有博奕者乎. 爲之, 猶賢乎已.")"

◆ 其一, 惰其心志, 放其儀形, 只思暇逸, 深厭拘束. 其二, 常思動作, 不能守靜, 紛紜出入, 打話度日. 其三, 喜同惡異, 汨於流俗, 稍欲修飭, 恐乖於衆. 其四, 好以文辭, 取譽於時, 剽竊經傳, 以飾浮藻. 其五, 工於筆札, 業於琴酒, 優游卒歲, 自謂淸致. 其六, 好聚閒人, 圍棋局戲, 飽食終日, 只資爭競. 其七, 歆善富貴, 厭薄貧賤, 惡衣惡食, 深以爲恥. 其八, 嗜慾無節, 不能斷制, 貨利聲色, 其味如蔗.

칼날로 뿌리를 자르듯 낡은 습관을 버려라

습관 가운데서 마음을 해롭게 하는 것은 대체로 이와 같으며, 그 나머지는 하나하나 다 거론하기 어렵다. 이러한 습관이야말로 사람으로 하여금 뜻을 굳건하게 하지 못하고 행실도 독실하게 하지 못하게 하여, 오늘 저지른 바를 내일이 되어서도 고칠 줄 모르고 아침에는 그 행동을 뉘우치면서도 저녁이 되면 다시 되풀이하게 된다. (그러니) 반드시 용맹스러운 뜻을 크게 떨쳐 마치 칼날로 뿌리를 단호히 잘라 버리듯 하고, 마음속에 털끝만큼의 찌꺼기도 없도록 해야 할 것이다. 언제나 통렬히 반성하기에 힘써서 이런 마음이 한 점이라도 낡은 습관에 물들어 더럽혀지지 않게 하고 난 다음이라야만 비로소 학문에 나아가는 공부를 논의할 수 있을 것이다.

◆ 習之害心者, 大槪如斯. 其餘, 難以悉擧. 此習, 使人志不堅固, 行不篤實, 今日所爲, 明日難改, 朝悔其行, 暮已復然, 必須大奮勇猛之志如將一刀, 快斷根株, 淨洗心地, 無毫髮餘脈, 而時時, 每加猛省之功, 使此心, 無一點舊染之汚, 然後可以論進學之工夫矣.

　뜻을 세우고 난 다음에 할 일은 낡은 습관을 개혁하는 것이다. 학문하려는 사람이 제아무리 높은 뜻을 세우더라도 발전이 없는 것은 자신의 습관에 스스로 얽매여 발전 가능성을 스스로 놓치기 때문이다. 율곡은 여덟 가지 낡은 습관을 뽑아 열거하고 우선 이 습관을 개혁하여 마음을 비우라고 한다.

　율곡이 경계한 일상에서 저지르기 쉬운 잘못된 생활 태도는 8개 조목인데 대체로 유학하는 선비가 지켜야 할 내용이다. 첫 번째와 두 번째 조목은 평범한 몸가짐 내용이지만, 세 번째는 시류와 영합하지 않는 소신 있는 학자의 자세, 네 번째와 다섯 번째는 어설픈 지식으로 글이나 꾸미는 지적 놀음에 빠져들어 깊은 학문을 못하게 되는 것을 경계하고 있다. 여섯째 조목은 바둑이나 장기 등 잡기를 하지 말 것을 당부하는 내용이고, 마지막 두 개의 조목은 세속적인 물욕이나 감각적인 욕망에 사로잡히지 말라는 것이다. 맨 마지막 단락에서는 여기에 거론된 이 여덟 가지 이외에도 낡은 습관이 없는지 스스로 살펴보아 단호하게 끊어 버리는 것이 우선적임을 강조하고 있다. 학문에 나아가는 데 낡은 습관처럼 큰 훼방꾼은 없기 때문이다.

3장

몸가짐

持身章 第三

유가 경전의 지침을 따라 제시한 구용(九容, 아홉 가지 용모)과 구사(九思, 아홉 가지 생각), 사물(四勿, 네 가지 하지 말아야 할 것)이 핵심 내용이다. 학문을 하는 목적이 단순한 지식 습득이 아니라 성인이 되려는 데 있으므로 몸과 마음을 경건하게 하는 것이 선행되어야 함을 구체적으로 보여 주고 있다.

충성과 믿음으로 하라

　학문을 하는 자는 반드시 성실한 마음으로 도를 향하여 세속의 자질구레한 일로 자기의 뜻을 어지럽혀서는 안 된다. 그러고 난 다음에라야 학문을 하는 데에 터전이 생기게 되는 것이다.

　이 때문에 부자(夫子, 공자의 미칭)는 말했다.

　"충심과 신의를 주로 하라.(主忠信)"[1]

　주자(朱子)[2]는 (그 말을) 이렇게 풀이했다.

　"사람에게 충심과 신의가 없으면 (하는) 일마다 모두 진실됨이 없어서 악을 저지르기 쉽고 선을 행하기는 어렵다. 따라서 반드시 이 두 가지를 가지고 중심을 삼아야 한다."

　반드시 충심과 신의를 주로 하여 용감하게 공부해 나가면 이루는 바가 있을 수 있으니, 이른바 황면재(黃勉齋)[3]가 말한 "마음의

---

[1]　이 구절은 『논어』에 세 번 나오는데, 그중 「학이」 편에서는 이러하다. "공자께서 말씀하셨다. '군자가 신중하지 않으면 위엄이 없고, 배워도 견고하지 못하다. 충심과 신의를 주로 하고 자기보다 못한 자를 벗하지 말며 잘못이 있으면 고치는 것을 꺼리지 말아야 한다.(子曰 "君子不重則不威, 學則不固, 主忠信, 無友不如己者, 過則勿憚改.")"

[2]　송 대의 새로운 정치, 문화적 분위기 아래 유학을 비판적으로 재해석하려는 시도들 속에서 등장한 이가 주희(朱熹), 즉 주자이고 그의 학문 체계가 바로 주자학이다. 주희는 송 대 새로운 사상적 흐름으로 형성된 신유학(성리학)을 집대성했다. 주희의 학문은 '정학'의 발흥을 외연(外緣)으로 하고 있으며 주로 사회적 수요와 불교와 도교의 영향을 많이 받았다.

[3]　주희의 제자인 면재(勉齋) 황간(黃幹, 1152~1221년)을 가리킨다. 주희의 사위이기도 한 그는 벼슬살이를 하면서 백성들에게 호평을 받았다고 한다. 『면재문집(勉齋文集)』 40권이 있다.

터전을 진실하게 하라."와 "뼈에 새기는 노력을 하라."라는 두 말에
그 뜻이 다 들어 있다.

◈ 學者, 必誠心向道, 不以世俗雜事, 亂其志, 然後爲學有基址. 故夫子曰
主忠信. 朱子釋之曰人不忠信, 事皆無實, 爲惡則易爲善則難. 故必以是爲
主焉. 必以忠信爲主, 而勇下工夫, 然後能有所成就. 黃勉齋所謂, 眞實心
地, 刻苦工夫, 兩言盡之矣.

신중함과 부지런함

늘 모름지기 일찍 일어나고 늦게 자며, 옷과 갓을 반드시 바르게
하고 얼굴빛을 반드시 엄숙하게 하며, 두 손을 모으고 꼿꼿이 앉
으며 걸음걸이는 안정되게 하고, 말과 대답은 신중하게 하며, 움직
임 하나하나 가볍고 하찮게 하거나 구차하게 지나쳐 버리지 말아
야 할 것이다.

◈ 常須夙興夜寐, 衣冠必正, 容色必肅, 拱手危坐, 行步安祥, 言語愼重,
一動一靜, 不可輕忽, 苟且放過.

구용과 구사

몸과 마음을 가다듬는 데는 구용(九容, 아홉 가지 용모)보다 더 절실한 것이 없으며, 학문을 진취시키고 지혜를 더하는 데는 구사 (九思, 아홉 가지 생각)보다 더 절실한 것이 없다. 이른바 구용(九容)이란 다음과 같다.

걸음걸이를 무겁게 하라.(족용중(足容重))
〔가볍게 거동하지 말라. 만일 어른 앞에서 종종걸음으로 지나갈 때에는 이 조목에 구애받지 않아도 된다.〕

이 말은 『소학』 「경신」 편 '명위의지칙(明威儀之則)'에도 나온다. "『예기』에 말하기를 '군자의 용모는 느긋하고 더디지만 존중받는 바가 있다.'라고 했다.(禮記曰, 君子之容, 舒遲見 所尊者.)" 하고는 바로 뒤이어 이 아홉 가지 내용이 순서대로 나온다.

구용의 내용을 『명심보감』 「입교」 편에 나오는 장사숙(張思叔)의 좌우명과 비교하면서 읽어 보자. "무릇 말은 충성되고 믿음이 있어야 한다. 무릇 행실은 반드시 돈독하고 공경스럽게 하라. 음식은 반드시 삼가고 절도가 있어야 한다. 글자의 획은 반드시 반듯하고 바르게 써라. 용모는 반드시 단정하고 엄숙히 하라. 의관은 반드시 정제하며 엄숙하라. 걸음걸이는 반드시 편안하고 자상하라. 거처하는 곳은 반드시 바르고 조용하라. 일하는 것은 반드시 계획을 세워 시작하라. 말을 할 때는 반드시 그 실천을 생각하라. 늘 덕을 반드시 굳게 지니라. 일을 허락하는 것은 반드시 신중히 응하라. 선을 보거든 자기에게서 나온 것처럼 하라. 악을 보거든 자기의 병인 것처럼 하라. 무릇 이 열네 가지는 모두 내가 아직 깊이 성찰하지 못한 것이다. 이를 자리의 오른쪽에 써 붙여 놓고 아침저녁으로 경계할 것이다.(凡語必忠信, 凡行必篤敬, 飮食必愼節, 字劃必楷正, 容貌必端莊, 衣冠必整 肅, 步履必安詳, 居處必正靜, 作事必謀始, 出言必顧行, 常德必固持, 然諾必重應, 見善如 己出, 見惡如 己病. 凡此十四者, 皆我未深省, 書此當座右, 朝夕視爲警.)"

손 모양을 공손히 하라.(수용공(手容恭))

〔손을 멋대로 늘어뜨려서는 안 된다. 일이 없을 때는 마땅히 단정히 모으고 함부로 움직여서는 안 된다.〕

눈 모양을 단정히 하라.(목용단(目容端))

〔그 눈의 움직임을 안정되게 하고 보는 것을 마땅히 바르게 해야 하며 흘겨보거나 훔쳐보아서는 안 된다.〕

입을 다물어라.(구용지(口容止))

〔말을 하거나 음식을 먹을 때가 아니면 입은 늘 움직이지 말아야 한다.〕

목소리를 조용히 하라.(성용정(聲容靜))

〔소리와 기운을 잘 가다듬어야 하며 구역질이나 트림 소리 등 잡소리를 내서는 안 된다.〕

머리 모양을 똑바로 하라.(두용직(頭容直))

〔머리를 곧게 하고 몸을 곧추세워야 하며 기울게 하거나 비스듬하게 하지 말아야 한다.〕

숨쉬기를 정숙히 하라.(기용숙(氣容肅))

〔숨쉬기◆6를 고르게 하고 소리의 기운이 들리게 해서는 안 된다.〕

◆6 '비식(鼻息)'을 번역한 것으로 코로 쉬는 숨을 말하며 코 고는 소리를 의미하기도 하는

서 있는 모습을 덕스럽게 하라.(입용덕(立容德))

〔똑바로 서고 엄숙한 모습으로 덕스러운 기상이 있어야 한다.〕

얼굴 모습을 장엄하게 하라.(색용장(色容莊))

〔낯빛을 단정히 하고 태만한 기색이 없어야 한다.〕

이른바 구사(九思)◆7라는 것은 다음과 같다.

볼 때는 분명한가를 생각하라.(시사명(視思明))

〔보는 데 가려지는 바가 없으면 밝아서 보이지 않는 것이 없다.〕

들을 때는 똑똑하게 들었는가를 생각하라.(청사총(聽思聰))

〔듣는 데 막히는 바가 없다면 귀가 밝아 듣지 못하는 것이 없다.〕

안색은 온화한가를 생각하라.(색사온(色思溫))

〔안색은 온화하고 부드럽게 하여 성내거나 노여운 기운이 없어야 한다.〕

데, 여기서는 전자다.

◆7 『논어』 「계씨」 편에 나오는 공자의 말씀을 그대로 수록한 것이다. "공자께서 말씀하셨다. '군자에게는 아홉 가지 생각할 것이 있으니, 볼 때는 분명한가를 생각하고, 들을 때는 똑똑하게 들었는가를 생각하고, 안색은 온화한가를 생각하며, 말은 진실된지를 생각하고, 일 처리할 때는 경건한가를 생각하고, 의문이 들 때는 물어보아야 할 것을 생각하고, 화가 치밀면 어떤 후환이 생길까를 생각하고, 이득을 얻으면 의로운 것인가를 생각한다.'(孔子曰 "君子有九思. 視思明, 聽思聰, 色思溫, 貌思恭, 言思忠, 事思敬, 疑思問, 忿思難, 見得思義.")"

용모는 공손할 것을 생각하라.(모사공(貌思恭))

〔한 몸의 거동이라도 단정하지 않아서는 안 된다.〕

말은 진실되었는지를 생각하라.(언사충(言思忠))

〔한마디 말을 뱉더라도 충성과 믿음이 없어서는 안 된다.〕

일을 처리할 때는 경건한가를 생각하라.(사사경(事思敬))

〔한 가지 일이라도 경건하지 않아서는 안 된다.〕

의문이 들 때에는 물어보아야 할 것을 생각하라.(의사문(疑思問))

〔마음속에 의심나는 것이 있으면 먼저 깨달은 사람에게 나아가 꼬치꼬치 물어 모르는 것을 내버려 두지 않는다.〕

화가 치밀면 후환이 생길까를 생각하라.(분사난(忿思難))

〔화가 나거든 반드시 잘 다스려 스스로 이겨 내야 한다.〕

이득을 보면 의로움을 생각하라.(견득사의(見得思義))◆8

◆8　이 문장은 『논어』 「자장」 편 첫머리에 나오는 구절이다. "자장이 말했다. '(한) 선비가 위험을 보고서는 (그) 목숨을 바치고, 이득을 보고서는 (오히려) 의로움을 생각하며, 제사를 지낼 때는 공경함을 마음에 품고, 상을 당해서는 슬픔을 생각한다면, 그는 괜찮다고 할 수 있을 것이다.'(子張曰 "士見危致命, 見得思義, 祭思敬, 喪思哀, 其可已矣.")" 부연하면, '의(義)' 자는 '의(宜)'와 통하니, 마땅함이란 개념이다. 의리란 사람과 사람 사이에 꼭 필요한 관계의 도리이기도 하고 부부와 형제 친척 사이에도 꼭 지켜야 하는 정의이기도 하다. 즉 사람으로서 지켜야 할 도리가 바로 의이며, 사람 사이에 존재하는 절도와 예의를 준수하는 뜻을 담은 것이 바로 '의(義)'라는 글자다.

〔재물을 마주하게 되면 반드시 의로움과 이익을 분명히 구분하여 의로움에 합당한 다음에야 취해야 한다.〕

늘 구용과 구사를 마음속에 두고 자신의 몸가짐을 추슬러 잠깐 동안이라도 버려두어서는 안 된다. 또 (이것들을) 앉는 자리의 한쪽에 써 두고 때때로 쳐다보아야 할 것이다.

◆ 收斂身心, 莫切於九容, 進學益智, 莫切於九思. 所謂九容者, 足容重〔不輕擧也, 若趨于尊長之前, 則不可拘此.〕, 手容恭〔手無慢弛, 無事則當端拱, 不妄動.〕, 目容端〔定其眼睫, 視瞻當正, 不可流眄邪睇.〕, 口容止〔非言語飮食之時, 則口常不動.〕, 聲容靜〔當整攝形氣, 不可出噦咳等雜聲.〕, 頭容直〔當正頭直身, 不可傾回偏倚.〕, 氣容肅〔當調和鼻息, 不可使有聲氣.〕, 立容德〔中立不倚, 儼然有德之氣像.〕, 色容莊〔顏色整齊, 無怠慢之氣.〕. 所謂九思者, 視思明〔視無所蔽, 則明無不見.〕, 聽思聰〔聽無所壅, 則聰無不聞.〕, 色思溫〔容色和舒, 無忿厲之氣.〕, 貌思恭〔一身儀形, 無不端莊.〕, 言思忠〔一言之發, 無不忠信.〕, 事思敬〔一事之作, 無不敬愼.〕, 疑思問〔有疑于心, 必就先覺審問, 不知, 不措.〕, 忿思難〔有忿必懲, 以理自勝.〕, 見得思義〔臨財必明義利之辨, 合義然後取之.〕. 常以九容九思, 存於心而檢其身不可頃刻放捨. 且書諸座隅, 時時寓目.

예의가 아니면 보지 말며(비례물시(非禮勿視)), 예의가 아니면 듣지 말며(비례물청(非禮勿聽)), 예의가 아니면 말하지 말며(비례물언(非禮勿言)), 예의가 아니면 움직이지 말라(비례물동(非禮勿動))는 이 네 가지●⁹는 몸을 닦는 요점이다. 예의와 예의가 아닌 것이란 처음 배우는 이로서 분별해 내기가 어려우므로 반드시 이치를 궁구하여●¹⁰ 이치를 밝혀야 하며, 겨우 아는 데에서 힘써 실천하기만 한

◆9　『논어』「안연」편에 나오는 구절이다.

◆10　원문의 '궁리(窮理)'를 번역한 것으로 격물치지(格物致知)의 의미다. 즉 사물의 참된 모습을 밝혀야 명확한 지식이 얻어진다는 뜻으로, 격치(格致)라고도 한다. 사서(四書)로 꼽히는 『대학』에 삼강령(三綱領)과 팔조목(八條目)이 있다. 삼강령은 '대학의 길(大學之道)'로서 밝은 덕을 밝히고(明明德), 백성을 새롭게 하며(親民), 지극한 선에 이르게 하는(止於至善) 세 갈래의 길이고, 이 삼강령을 실현하기 위한 팔조목이 격물(格物), 치지(致知), 성의(誠意), 정심(正心), 수신(修身), 제가(齊家), 치국(治國), 평천하(平天下)이다. 『대학』의 원문은 이렇다. "지식에 이르는 것은 사물을 궁구하는 데에 있다. 사물의 이치가 이루어진 이후에야 지식이 이르게 되고, 지식에 이르게 된 뒤에야 마음이 바르게 된다. 마음이 바르게 된 뒤에야 몸이 닦인다. 몸이 닦인 뒤에야 집안이 가지런해진다. 집안이 가지런해진 뒤에야 나라가 다스려진다. 나라가 다스려진 뒤에야 천하가 고르게 된다.(致知在格物, 物格而后知至, 知至而后意誠, 意誠而后心正, 心正而后身修, 身修而后家齊, 家齊而后國治, 國治而后平天下)" '격물'에 대한 최초의 해석은 정현(鄭玄)이 내놓았다. "'격(格)'은 올 래(來) 자다. '물(物)'은 일 사(事) 자와 같다. 그 지식이 선에 깊으면 선한 일을 따라오게 하고, 그 지식이 악에 깊으면 악한 일을 따라오게 한다. 일은 사람이 좋아하는 것에 따라오게 됨을 말하는 것이다.(格, 來也. 物, 猶事也. 其知於善深, 則來善物. 其知於惡深, 則來惡物. 言事緣人所好來也.)" 뒤에 공영달(孔穎達), 이고(李翱), 사마광(司馬光), 정호(程顥), 정이(程頤) 등의 해석이 이어졌고, 남송 주희에 의해 "사물의 원리를 궁구히 밀고 나가 그 지극한 곳에 이르지 않는 곳이 없게 하려는 것이다.(窮推至事物之理, 欲其極處無不到也.)"

다면 생각하는 것이 절반을 넘었다[11]고 할 수 있을 것이다.

◆ 非禮勿視, 非禮勿聽, 非禮勿言, 非禮勿動. 四者, 修身之要也. 禮與非禮, 初學難辨. 必須窮理而明之, 但於已知處, 力行之, 則思過半矣.

학문은 일상생활 가운데 있으니

학문을 한다는 것은 날마다 행하는 가운데 있는 것이니, 만일 평상시에 거처할 때에는 공손스럽게 하고 일을 집행할 때에는 공경스럽게 하고, 다른 사람과는 충심으로 하면[12] 이를 학문한다고 할 것이니, 책을 읽는다는 것은 이러한 이치를 밝히고자 하기 위한 것일 뿐이다.

◆ 爲學, 在於日用行事之間, 若於平居, 居處恭, 執事敬, 與人忠, 則是名爲

라는 의미로 재해석되었다. 사물의 원리와 법칙을 분명히 연구하고 총결하여 이성적 지식을 터득해야 한다고 본 것이다. 물론 율곡이 여기서 말한 의도는 주희의 견해와 차이가 없다.

◆ 11 원문의 "사과반의(思過半矣)"를 번역한 것으로 이 문장은 『주역』 「계사 하(繫辭下)」 편에 나오는 말이다. "지혜로운 자는 그 단사를 보면 생각하는 것이 절반을 지난 것이다.(知者觀其彖辭, 則思過半矣.)" 물론 이 말의 의미는 일의 대부분을 이해한다는 뜻도 함축하고 있다.

◆ 12 이 세 구절은 번지(樊遲)가 인에 대해 공자에게 물었을 때 한 말로 『논어』 「자로」 편에 나온다. "번지가 인(仁)에 대해 여쭈었다. 공자께서 말씀하셨다. '거처할 때에는 공손하며, 일을 집행할 때는 공경하며, 사람과는 충심으로 해야 한다. 비록 오랑캐 땅에 가더라도 이것을 버려서는 안 된다.'(樊遲問仁. 子曰 "居處恭, 執事敬, 與人忠. 雖之夷狄, 不可棄也")"

學. 讀書者, 欲明此理而已.

물질적 욕망을 절제하라

입는 옷은 화려하거나 사치스러워서는 안 되니 추위를 막을 정도면 될 뿐이다.◆13 음식은 달고 맛있는 것을 찾아서는 안 되니 굶주림을 면할 정도면 될 뿐이다. 거처는 편안한 것을 찾아서는 안 되니◆14 병이 나지 않을 정도면 될 뿐이다. 오직 학문하려는 노력과 마음을 올바르게 수양하려는 방법 및 거동과 예의를 법도에 맞게 지키는 일을 날마다 부지런하게 힘써야 하며 스스로 만족해서는 안 된다.

◆ 衣服不可華侈, 禦寒而已. 飲食不可甘美, 救飢而已. 居處不可安泰, 不病而已. 惟是, 學問之功, 心術之正, 威儀之則, 則日勉, 勉而不可自足也.

◆13 『해동소학(海東小學)』에 있는 말. "검소함은 온갖 복의 근원이 된다.(儉, 爲萬福之源.)"라는 구절을 되새겨 보자.
◆14 공자는 절약의 모범으로 우임금을 자주 거론한다. 그는 이렇게 말한다. "공자께서 말씀하셨다. '우임금에 대해 나는 트집 잡을 것이 없다. (그는) 형편없는 식사를 하면서도 귀신에게 정성을 다했고, 나쁜 옷을 입으면서 예복(禮服)과 예관(禮冠)에 대해서는 아름다움을 다했으며, 허름한 집에 살면서도 물길을 트는 데는 힘을 다 쏟았다. 우임금에 대해 나는 트집 잡을 것이 없다.'(子曰 "禹, 吾無間然矣. 非飲食而致孝乎鬼神, 惡衣服而致美乎黻冕, 卑宮室而盡力乎溝洫. 禹, 吾無間然矣.")"(『논어』「태백」)

자기를 이겨 내라

　자기를 이겨 내는(克己)◆¹⁵ 공부가 일상생활에서는 가장 절실하
다. 이른바 자기(己)라는 것은 내 마음이 좋아하는 바가 하늘의 이
치(天理)에 들어맞지 않는 것을 말한다. 반드시 내 마음이 여색을
좋아하는가, 이익을 좋아하는가, 명예를 좋아하는가, 벼슬을 좋아
하는가, 편안하게 지내는 것을 좋아하는가, 잔치하며 즐기는 것을
좋아하는가, 진기한 보배를 좋아하는가를 살펴야 한다. 대체로 좋
아하는 모든 것들이 이치에 맞지 않으면, 단번에 모든 것을 깨끗이
끊어 버려 싹도 남겨 두지 않은 뒤에야 내 마음이 좋아하는 것이
의리에 들어맞아 이겨 내야 할 자기(己)란 것이 없어질 것이다.

◆　克己工夫, 最切於日用, 所謂己者, 吾心所好不合天理之謂也. 必須檢察
吾心, 好色乎, 好利乎, 好名譽乎, 好仕宦乎, 好安逸乎, 好宴樂乎, 好珍玩乎.

◆15　이 '극기'란 단어는 자신을 단속한다는 말로 욕망을 억제하는 철저한 자기 관리를 말한
　　다. 『논어』 「안연」 편의 첫 장에 나온다. 기본적으로 이 「지신장」의 논조는 공자의 말씀
　　과 전후 맥락이 맞닿아 있다. 「안연」의 첫 장을 소개하면 이렇다. "안연이 인(仁)에 대
　　해 여쭈었다. 공자께서 말씀하셨다. '자기를 이겨내고 예로 돌아가는 것이 인이다. 하루
　　라도 자기를 이겨내고 예로 돌아가면, 천하가 인에 돌아갈 것이다. 인을 행하는 방법은
　　자기로부터 말미암는 것이다. (어찌) 다른 사람으로부터 말미암는 것이겠는가?' 안연이
　　(다시) 말했다. '그 세부적인 항목을 여쭙겠습니다.' 공자께서 말씀하셨다. '예가 아니면
　　보지 말고, 예가 아니면 듣지 말며, 예가 아니면 말하지 말고, 예가 아니면 움직이지 말
　　라.' 안연이 말했다. '제가 비록 총명하지는 못하지만, 이 말씀을 받들겠습니다.'(顏淵問
　　仁. 子曰 "克己復禮爲仁. 一日克己復禮, 天下歸仁焉. 爲仁由己, 而由人乎哉." 顏淵曰 "請問其目." 子曰
　　"非禮勿視, 非禮勿聽, 非禮勿言, 非禮勿動." 顏淵曰 "回雖不敏, 請事斯語矣.")

凡百所好, 若不合理, 則一切痛斷不留苗脈, 然後吾心所好, 始在於義理,
而無己可克矣.

말과 생각을 줄여라

　말을 많이 하고(多言), 생각을 많이 하는(多慮) 것이 마음에 가장
해로우니, 할 일이 없으면 조용히 앉아 마음을 보존하고 남들을
대할 때는 마땅히 말을 가려 간결하고도 신중하게 해야 한다. 때에
맞춰 말을 한[16] 다음에는 말이 간결하지 않을 수 없으니, 말이 간
결한 자는 도에 가까운 것이다.

◆ 多言多慮, 最害心術. 無事, 則當靜坐存心, 接人, 則當擇言簡重, 時然後
言, 則言不得不簡. 言簡者近道.

◆16 원문의 '시연후언(時然後言)'을 번역한 것인데 이 말은『논어』「헌문」편에 공자가 공명가
와 대화하는 데서 나온 말이다. "공자께서 공명가에게 공숙문자에 대해 물으셨다. '정
말 선생께서는 말씀도 하지 않고 웃지도 않으며 (재물 을) 받지도 않습니까?' 공명가가
대답했다. '(선생님(공자)께) 아뢴 자가 지나쳤습니다. 선생(공숙문자)은 때에 맞은 뒤에
야 말씀하시는데 사람들이 그분의 말씀을 싫어하지 않고, 즐거운 뒤에야 웃으시는데
사람들은 그의 웃음을 싫어하지 않으며, 의로움에 맞은 뒤에야 (재물 을) 취하므로 사람
들은 그분이 받는 것을 싫어하지 않습니다.' 공자께서 말씀하셨다. '그렇습니까? 어떻
게 그럴 수 있습니까?'(子問公叔文子於公明賈曰"信乎夫子不言不笑不取乎." 公明賈對曰"以告者
過也. 夫子時然後言, 人不厭其言, 樂然後笑, 人不厭其笑. 義然後取, 人不厭其取." 子曰"其然. 豈其然
乎.")" 말의 신중함을 강조한 문장이다. 공명가는 위나라의 신하로 출생 연도는 미상이
며, 공명(公明)은 성씨이고 가(賈)는 이름이다. 맨 마지막 문장의 의미는 그가 할 수 있
다는 것에 대해 칭찬하는 말이다.

본받아야 할 대상

선왕의 법도에 맞는 의복이 아니면 함부로 입지 않으며, 선왕의 법도에 맞는 말이 아니면 함부로 말해서는 안 되고, 선왕의 덕행이 아니면 함부로 행동할 수 없는 것이니, 이러한 것은 죽을 때까지 가슴속 깊이 새겨 두어야[17] 할 것이다.

◈ 非先王之法服, 不敢服. 非先王之法言, 不敢道. 非先王之德行, 不敢行. 此當終身服膺者也.

모든 잡기를 경계하고 도를 향해 나가라

배우려는 자는 한결같이 도를 향해야 할 것이며, 바깥 사물(外物)이 (자신을) 이기게 해서는 안 된다. 바깥 사물 가운데에서 바르지 못한 것은 마땅히 일절 마음에 두지 말아야 한다. 고을 사람들이 모인 곳에서 만약 박(博)이나 바둑, 저포 같은 노름이 벌어졌거든 마땅히 쳐다도 보지 말고 뒷걸음치듯 물러나야 할 것이며, 기생들이 노래 부르고 춤추는 것을 보거든 반드시 피해 가야 할 것이

◆17 원문의 '복응(服膺)'을 번역한 것으로 마음속에 기억하여 절대로 잊지 말라는 의미다. 이 단어는 『예기』의 「중용」에서 공자가 안연을 칭찬하는 말 속에 나온다. "안회의 사람 됨은 중용을 선택하여 하나의 선을 얻어 그것을 가슴속에 새기고 잃지 않는다.(回之爲人也, 擇乎中庸, 得一善, 則拳拳服膺, 而弗失之矣.)"

다. 고을에서 사람들이 많이 모이는 상황이 되어 고을의 어른이 억지로 붙잡아 피해 물러날 수 없거든, (그) 자리에 있을지라도 용모를 바르게 하고 마음을 깨끗이 하여 간사한 목소리와 음란한 얼굴빛으로 하여금 자신을 침범하지 못하도록 해야 한다. 잔치에서 술을 마시게 되더라도 흠뻑 취하지 않도록 하고 알맞게 마시고 난 뒤에 그만두는 것이 좋다.[18] 음식은 알맞게 먹어야 하니, 즐거운 마음으로 먹다가 기(氣)를 손상시켜서도 안 된다. 담소는 간결하고 신중히 해야 할 것이니, 시끄럽게 떠들거나 절도를 잃는 일이 없어야 할 것이다. 행동거지는 마땅히 찬찬하고 꼼꼼하게 할 것이니, 거칠고도 함부로 굴어 몸가짐을 잃어버려서도 안 된다.[19]

---

[18] 공자가 스스로 다짐한 네 가지 중에 '주곤(酒困)'이란 말이 있다. "공자께서 말씀하셨다. '밖에 나가면 공경(벼슬 높은 사람)을 섬기고, (집에) 들어오면 부형을 섬기며, 장례에 임해서는 감히 (정성을 다해) 힘쓰지 않으면 안 되고, 술에 휘둘림이 없어야 한다. (이런 것들이) 나에게 무슨 어려움이 있겠는가?'(子曰 "出則事公卿, 入則事父兄, 喪事不敢不勉, 不爲酒困, 何有於我哉.")"(『논어』 「자한」) 또한 술에 대한 명언으로 『명심보감』 「성심 상(省心上)」 편에서 『사기』를 인용한 구절도 읽을 만하다. "『사기』에 말했다. '하늘에 교제를 지내고 종묘(사당)에 제례를 올릴 때 술이 아니면 흠향하지 못할 것이며, 임금과 신하, 친구와 친구 사이에도 술이 아니면 의리가 도탑지 않을 것이요, 다투고 나서 서로 화해할 때 술이 아니면 권하지 못할 것이다. 그러므로 술에는 성취와 실패가 있어 그것을 함부로 마셔서는 안 된다.'(史記曰: "郊天禮廟, 非酒不享, 君臣朋友, 非酒不義, 鬪爭相和, 非酒不勸. 故, 酒有成敗, 而不可泛飮之.")"

[19] 『시경』 「소아(小雅)·소민(小旻)」에 신중한 몸가짐과 관련된 구절이 나온다. "두려워하며 조심하기를 깊은 못에 임하듯 하고, 엷은 얼음판 밟고 가듯 해야 한다네.(戰戰兢兢 如臨深淵 如履薄氷.)" 조심성 있는 사람은 깊은 연못 가나 얇은 얼음 위에 있는 것처럼 처신한다는 말이다. 본래 전전긍긍이라는 말이 여기에서 나왔으나 지금은 의미가 조금 다르게 쓰인다.

◆ 爲學者, 一味向道, 不可爲外物所勝, 外物之不正者, 當一切不留於心. 鄕人會處, 若設博奕樗蒲等戱, 則當不寓目, 逡巡引退, 若遇娼妓作歌舞, 則必須避去, 如値鄕中大會, 或尊長强留, 不能避退, 則雖在座, 而整容淸心, 不可使奸聲亂色, 有干於我, 當宴飮酒, 不可沈醉, 浹洽而止, 可也. 凡飮食, 當適中, 不可快意, 有傷乎氣. 言笑, 當簡重, 不可喧譁, 以過其節. 動止, 當安詳, 不可粗率, 以失其儀.

공경스럽게 마음속을 곧게 하라

일이 생기면 이치에 맞게 일을 처리하고, 책을 읽을 때는 정성스레 이치를 끝까지 따져야 한다. 이 두 가지 외에도 조용히 앉아 마음을 가다듬어 고요하여 어지럽게 일어나는 생각이 없게 하고, 늘 정신을 차리고 있어 흐리멍덩해지는 일이 없어야 할 것이다. 이른바 "공경스럽게 마음속을 곧게 하라.(敬以直內)"라는 말이란 이와 같은 뜻이다.

◆ 有事, 則以理應事, 讀書, 則以誠窮理, 除二者外, 靜坐, 收斂此心, 使寂寂無紛起之念, 惺惺無昏昧之失, 可也. 所謂敬以直內者如此.

학문은 결국 자신을 위함이다

마땅히 몸과 마음을 바르게 하여 겉과 속이 한결같아야 하며, 그윽한 데서도 드러난 곳에 있는 것처럼 해야 하며, 혼자 있을 때에도 여러 사람이 있을 때처럼 하며, 이 마음으로 하여금 다른 사람들이 푸른 하늘에 있는 밝은 해를 볼 수 있는 것처럼 해야 한다.

◈ 當正身心, 表裏如一, 處幽如顯. 處獨如衆, 使此心, 如靑天白日, 人得而見之.

불의를 경계하라

늘 '한 가지라도 의롭지 못한 일을 일삼고 한 사람이라도 죄 없는 사람을 죽여서 천하를 얻는다 하더라도 (그렇게는) 하지 않겠다.'라는 뜻을 가슴속에 간직해야 할 것이다.

◈ 常以行一不義, 殺一不辜, 而得天下, 不爲底意思, 存諸胸中.

거경과 궁리, 그리고 역행

　사는 모습을 경건히 하여[20] 근본을 세우며, 이치를 궁구하여 선(善)을 밝히며, 힘써 행함으로써 그 진실을 실천해야 하니, 이 세 가지는 죽을 때까지 해야 할 것이다.

◆ 居敬以立根本, 窮理以明乎善, 力行以踐其實. 三者, 終身事業也.

사무사와 무불경

　"생각에 사악함이 없다.(思無邪)"[21]라는 구절과 "공경하지 아니

◆20　원문의 '거경(居敬)'이란 단어를 번역한 것으로 중궁과 공자의 대화를 함께 읽어 보면 그 의미가 좀 더 드러난다. "중궁(仲弓)이 자상백자에 대해 여쭙자, 공자께서 말씀하셨다. '괜찮은데 (지나치게) 소탈하지.' 중궁이 여쭈었다. '사는 모습이 경건하고 행동은 소탈하게 하면서 백성들 앞에 나서는 것이 또한 괜찮지 않습니까? 사는 모습도 소탈하고 행동도 소탈하면 너무 소탈하지 않습니까?' 공자께서 말씀하셨다. '옹의 말이 옳다.'(仲弓 問子桑伯子. 子曰 "可也, 簡." 仲弓曰 "居敬而行簡, 以臨其民, 不亦可乎. 居簡而行簡, 無乃大簡乎?" 子 曰 "雍之言然.")" 한편 이 '거경'을 "경(敬)을 실천하고"라고 번역하면서 주자학의 학문 수양 방법으로 보아야 한다는 견해도 있다.(함현찬, 『격몽요결』(전통문화연구회, 2007)) 일리가 있는 견해인데, 뜻하는 바는 크게 다르지 않다고 보인다.

◆21　이 말은 공자가 『시경』을 한 마디로 표현한 것이다. "공자께서 말씀하셨다. 『시』 300편, 이를 한마디로 하면 '생각에 사악함이 없다'는 것이다.(子曰 "詩三百, 一言以蔽之, 曰 '思無 邪'.")"(『논어』「위정」) '『시』 300편'이란 『시경』의 시 전체를 포괄적으로 말한 것이다. "사무사(思無邪)"는 학자에 따라 해석이 다양한데, 인간의 사상과 감정의 순수성을 강조한

치 말라.(毋不敬)"[22]라는 두 구절만은 한평생 받아 쓰더라도 다하지 못할 것이니, 마땅히 벽에 걸어 두고 잠깐 동안이라도 잊지 말아야 할 것이다.

◈ 思無邪, 毋不敬. 只此二句, 一生受用不盡. 當揭諸壁上, 須臾不可忘也.

16
평생 동안 하라

날마다 자주 스스로 (다음과 같이) 점검해 보라. '마음을 보존하지 못한 적은 없는가?' '배움에 진전이 없었는가?' '행실에 힘쓰지 않은 점이 있는가?'[23] (이런 점이) 있으면 고치고, 없더라도 더욱

것으로 이해하면 무난하다. 『시경』의 시들은 모두 민간을 중심으로 유행하던 것을 채록했기 때문에 소탈한 정서가 많이 배어 있다. 공자는 시를 중요하게 생각했고, 깊이 알았다. 율곡의 '사무사' 언급도 바로 이런 배경에서 나온 것이다.

[22] '무불경'이란 말은 이중부정으로 강조하여 한 말이다. 예의 중요성을 강조한 것으로 자신을 확립하는 데 필수적이라고 보았기 때문이다. 이 말은 『예기』「곡례 상(曲禮上)」의 첫 문장이다. "공경하지 아니치 말며, 엄숙히 생각하듯 하고 말을 편안하게 하며 백성들을 편안히 할지니!(毋不敬, 儼若思, 安定辭. 安民哉!)"

[23] 이 세 가지는 『논어』「학이」편에 나오는 증자의 발언인 "나는 날마다 세 번 내 자신을 반성한다. 다른 사람을 위해 도모하는 데 진심을 다하지 않았는가? 벗들과 사귀면서 믿음이 없었는가? 전수 받은 것을 익히지 않았는가?'(吾日三省吾身. 爲人謀而不忠乎? 與朋友交而不信乎? 傳不習乎?)"라는 문장과 비교해서 읽으면 그 의미가 정확하게 이해될 것이다. 증자가 말한 "삼성오신(三省吾身)"은 매일 자신을 살피는 수련으로 마음의 평온을 유지하는 철저한 자기 관리의 자세이며 '오일삼성(吾日三省)'이라고도 한다. "독선기신(獨善其身, 홀로 그 자신을 잘 보존한다)"이라는 말과 짝을 이룬다.

힘써서 부지런하고 게으름이 없도록 하는 것을 죽을 때까지 한 다음에야 그만두어야[24] 할 것이다.

◈ 每日, 頻自點檢, 心不存乎, 學不進乎, 行不力乎, 有則改之, 無則加勉, 孜孜無怠, 斃而後已.

---

[24] 원문의 "폐이후의(斃而後已)"를 번역한 것으로 증자의 말이다. "증자가 말했다. '선비란 뜻이 크고 강인하지 않으면 안 되니, 임무는 무겁고 길은 멀기 때문이다. 인을 자기의 임무로 삼고 있으니 또한 (책임이) 무겁지 않은가? 죽고 나서야 그만둘 뿐이니 (갈 길이) 멀지 않은가?'(曾子曰 "士不可以不弘毅, 任重而道遠. 仁以爲己任, 不亦重乎; 死而後已, 不亦遠乎?")"(『논어』 「태백」) 여기서 증자는 '폐'라는 한자 대신 '사(死)' 자를 썼는데 그 의미는 매한가지다. 또한 이 말은 순자의 말, "배움이란 멈출 수 없다.(學不可以已)", "반걸음을 쌓지 않으면 1000리에 이를 수 없고, 작은 흐름을 쌓지 않으면 강과 바다를 이룰 수 없다.(不積蹞步, 無以致千里; 不積小流, 無以成江海.)"(『순자』 「권학」)를 생각나게 한다.

해설

　이 편은 큰 틀에서 공자의 말씀 "충심과 신의를 주로 하라.(主忠信)"라는 구절을 주요 강령으로 삼고 구체적이고 세부적인 조목으로서 '구용'과 '구사'로 시작하여 '사물'과 '칠호'까지 설명하는 데 상당히 긴 편폭을 할애하고 있다. 사람의 마음이란 늘 변화무쌍하여 예측하기 어렵고 형체가 없는 마음과 겉으로 드러난 행동도 간수하는 것이 어려우니 몸가짐을 더욱 잘할 것을 당부하고 있다.

　몸가짐의 근본은 근면과 신중함이고 부지런함이 있어야 한다. 일찍 일어나 늦게 잠들고 말을 삼가라는 당부로 시작하여 구용과 구사 등 구체적인 항목을 거론하고 있다. 성인이 되기 위해 공부를 하는 것이므로 그들의 일거수일투족을 익히고 매사에 사치를 줄이는 등 물질적 욕망을 배제하는 데서 시작된다는 내용이 전반부의 주된 내용이요 취지다. 잠자는 시간까지 언급하면서 얼굴빛과 손과 발의 움직임까지 수양하는 자세로 일관해야 하며 이런 반듯한 행동이 전제되어야 학문의 진전이 있게 되므로 일상생활 속에서 이런 점들을 유념하여 스스로 늘 바로잡아 나가야 한다고 강조한다. 이를 위해 '구용'과 '구사'는 공부하면서 곁에 붙여 두고 보아 잊지 말고 늘 스스로 경계해야 한다고 분명히 지적하고 있다.

　욕망에 사로잡히는 한 정신은 망가지게 되므로 올바른 정신적 삶을 위해 천명을 따르는 삶의 자세를 견지해야 하며 가장 바람직한 것이 예를 지키며 살아가는 것이다. 특히 극기복례란 말을 통해 율곡은 개인의 사사로운 욕망을 버리고 사회적으로 공인되는 규범인 예로 돌아갈 것을 내세우고 있으니 이는 군자의 기본적인 자세이다. 즉 자신을 닦는 데 대단히 긴요한 것을 말한 것으로 자신을 이겨 내지 않고 학문을 한다는 것은 불가능하며 예의에 합당한가의 여부를 따지는 것은 그런 행동 기준이 없이 하는 학문은 의미가 없다는 인식 때문이다. '다언다려(多言多慮)'를 경계할 것도 말하였으니 말이 많고 생각이 번잡스러우면 학문에 방해되므로 '정좌존심(靜坐存心)', 즉 가만히 앉아 정신을 집중하고 마음을 잘 붙잡아 매라고 당부한다.

또한 일체의 잡기를 경계하고 하지 말라는 말을 하는데, 물론 여기에는 여색과 술, 도박 등이 해당된다. 이러한 바깥의 물욕에 얽매이다 보면 학문은 간데없고 나중에 관직에 나갔을 때도 큰 걸림돌이 될 개연성이 있으므로 그 근처에도 가지 말라는 것이다.

물욕에 대한 율곡의 단호한 생각은 맨 마지막의 '폐이후이(斃而後已)'란 단어에서 알 수 있듯이 배움이란 죽을 때까지 끊임없이 배워 나가야 하고 그 더 이상 배울 것이 없다는 오만함이 있어서는 안 되는 자기 수양임을 강조하고 있다.

특히 '거경(居敬)'과 '궁리(窮理)'라는 두 수레바퀴 축처럼, 학문의 최종 목표인 성인이 되는 데에 걸맞은 몸가짐과 행동 원칙은 세상의 이치 터득의 방식과 맞물려 있기에 중요한 것이다. 결국 성리학에서 말하고 율곡이 말하고자 하는 것은 '이치를 궁구하는(窮理)' 방법의 하나에 불과하기 때문이다.

4장

책을 읽다
讀書章 第四

궁리(窮理)를 하기 위한 전제 조건으로 독서를 꼽고 나서 책 읽기의 순서, 말하자면 구체적인 독서 목록을 설명하고 있다. 물론 모두 중국 고전들이며 경서와 성리서 등과 같은 경서류를 읽어야 할 것을 강조하고 있다. 이 책들의 목적과 성격에 따라 읽어 나가야 하고 다독이나 속독보다는 정독을 권하였다. 또한 이단과 잡다한 유형의 책을 독서하지 말아야 한다고 하였으며, 그 자세는 경건해야 한다는 것을 강조한다.

책을 읽는 것이 먼저다

　배우는 사람은 늘 이 마음을 보존하여 (바깥) 사물이 (자신을) 이기지 않도록 하고, 반드시 이치를 궁구하고 선을 밝힌 뒤에라야 마땅히 행해야 할 도가 뚜렷하게 앞에 나타나게 되어 나아갈 수가 있는 것이다. 그러므로 도에 들어가려면 이치를 궁구하는 것보다 먼저 하는 것이 없고, 이치를 궁구하려면 책을 읽는 것보다 먼저 하는 것이 없어야 한다. 왜냐하면 성현들이 마음을 쓴 자취와 선한 것과 악한 것 중에서 본받고 삼갈 것이 모두 책에 들어 있기 때문이다.

◈　學者, 常存此心, 不被事物所勝, 而必須窮理明善, 然後當行之道, 曉然在前, 可以進步, 故入道, 莫先於窮理, 窮理, 莫先於讀書. 以聖賢用心之迹, 及善惡之可效可戒者, 皆在於書故也.

책을 대하는 자세

　대체로 책을 읽는 자는 반드시 단정하게 손을 모으고 반듯하게 앉아서 공경하는 마음으로 책◈을 대하며 마음을 오로지 하고 뜻

◈ㅣ　원문의 "방책(方冊)"을 번역한 것으로 본래 목판이나 대쪽에 쓴 글을 뜻한다. 여기서는 포괄적으로 책으로 번역했다.

을 극진히 해야 한다. 자세히 생각하고 함영(涵泳)하여[함영이란 차분히 읽고 깊이 생각하는 것을 일컫는다.] 글의 의미를 깊이 이해하고 구절마다 반드시 실천할 방법을 추구해야 한다. 만일 입으로만 글을 읽을 뿐 마음으로는 체득하지 않고, 또 몸으로 실행하지 않는다면 책은 책대로 있고 나는 나대로 있을 뿐이니 무슨 유익함이 있겠는가?

◈ 凡讀書者, 必端拱危坐, 敬對方冊, 專心致志. 精思涵泳〔涵泳者, 熟讀深思之謂.〕, 深解義趣, 而每句必求踐履之方. 若口讀, 而心不體, 身不行, 則書自書, 我自我, 何益之有.

『소학』 읽기

먼저 『소학』을 읽어 어버이를 섬기고 형을 공경하며, 임금에게 충성하고, 어른을 공경하며, 스승을 받들며, 벗과 친하게 지내는 이치에 대해 하나하나 익혀 힘써 실행해야 할 것이다.

◈ 先讀小學, 於事親敬兄忠君弟長隆師親友之道, 一一詳玩, 而力行之.

『대학』 읽기

다음으로 『대학』과 『혹문(惑問)』[2]을 읽어 이치를 궁구하고 마음을 바르게 하며, 자신을 수양하고, 남을 다스리는 이치에 대해 하나하나 참되게 알아 이를 실천해야 할 것이다.

◆ 次讀大學及或問, 於窮理正心修己治人之道日日眞知, 而實踐之.

『논어』 읽기

다음으로 『논어』를 읽어 인(仁)을 구하고, 자신(의 수양)을 위하는[3] 것과 근원을 길러 가는 공을 하나하나 참되게 알아 이것을 정밀히 생각하고 깊이 체득해야 할 것이다.

◆ 次讀論語, 於求仁爲己涵養本源之功, 一一精思, 而心體之.

◆2 『대학혹문(大學惑問)』을 가리킨다. 『대학』을 해설한 책으로서 주희가 쓴 것으로 알려져 있다. 주희 이전에 있었던 초고본을 보완하여 완성한 것이며 성격은 대학장구(大學章 句)』와 비슷하다. 어떤 사람의 의문에 대한 대답 형식으로 해설을 곁들인 책이다.
◆3 『논어』「헌문」편에서 공자의 말에서 인용한 것으로 "공자께서 말씀하셨다. '옛날에 배우는 자들은 자신(의 수양)을 위해서 했는데, 오늘날 배우는 자들은 남의 인정을 받으려 한다.'(子曰 '古之學者爲己, 今之學者爲人.')"라는 문장의 '위기(爲己)'라는 글자를 번역한 것이다.

다음으로『맹자』를 읽어 의리와 이익을 분명히 분별하고, 사람
의 (사사로운) 욕심을 막고, 하늘의 이치에 관한 학설에 대해 하나
하나 밝게 살펴 이를 확대하여 채워 나가야 할 것이다.

◆　次讀孟子, 於明辨義利遏人慾存天理之說, 一一明察, 而擴充之.

『중용, 인

　다음으로『중용』을 읽어　성의 덕과 (적절히) 미루어 지극한 상
태로 나가는*4 공부와 (　의) 자리와 생육의 미묘함에 대해 하
나하나 알아 음미하고　하고 얻는 것이 있게 해야 할 것이다.

◆　次讀中庸, 於性情之　致之功, 位育之妙, 一一玩索, 而有得焉.

◆4　문의 '추치(推致)'를 번역한 것인데 여기서 '치(致)'에 대해 주희는 "밀어서 지극하게
　하는 것(推而極之)"의 의미로 풀이했다. 적절한 조화를 이루면서 밀고 나아가는 것을 일
　컫는 개념으로『중용』에서 말하는 '중(中)'과 '화(和)'에 '이르는(致)' 과정을 의미한다.

다음으로 『시경』을 읽어 성정(性情, 본성과 감정)의 사악하고 올바름과 선한 것을 권장하고 악한 것을 경계함에 대해 하나하나 깊이 해석해서 감동하는 마음이 피어나 악한 마음을 징계하고 가다듬게 해야 할 것이다.

◆ 次讀詩經, 於性情之邪正, 善惡之褒戒, 一一潛繹, 感發, 而懲創之.

다음으로 『예경』을 읽어 하늘의 이치의 규정한 글◆5과 예의 원칙의 정해진 규칙들◆6을 하나하나 따져 보고 연구하여 (근본을) 세워 나가야◆7 할 것이다.

◆5 원문의 "절문(節文)"을 번역한 것인데 자전적 의미로는 '예절에 관한 글월' 혹은 '예절의 규정'으로 필자의 번역과 상통한다. 좀 더 부연하면 절문은 '천리'를 인간의 일에 적용하여 조절하고 규정한 글이란 의미다. 이런 맥락에서 김학주 교수는 "사람들이 지켜야 할 절도와 형식"(『격몽요결』(연암서가, 2012), 88쪽)이라고 번역했는데 일리가 있고 필자의 생각과도 기본적으로 일치된다.

◆6 원문의 "도수(度數)"를 번역한 것으로 예의 원칙이 인간의 일에 하나하나 나타나므로 이러한 것들을 지켜 나가야 할 일정한 수를 의미한다.

◆7 원문의 '입(立)'은 『논어』 「태백」 편의 공자의 말 "시에서 (감흥을) 일으키고, 예에서 (행동의 근간을) 세우고, 악(樂)에서 (성정을) 완성한다.(興於詩, 立於禮, 成於樂.)"에서 따온 것

◆ 次讀禮經, 於天理之節文, 儀則之度數, 一一講究, 而有立焉.

『서경』 읽기

다음으로 『서경』을 읽어 이제(二帝)와 삼왕(三王)[8]이 천하를 다스린 큰 벼리와 큰 법도에 대해 하나하나 요령을 터득하여 근본을 거슬러 가야 할 것이다.

◆ 次讀書經, 於二帝三王, 治天下之大經大法一一領要, 而遡本焉.

『역경』 읽기

다음으로 『역경』을 읽어 길흉과 존망, 진퇴와 성쇠의 기미에 대해 하나하나 관찰하여 음미하고 궁구하고 연구해야 할 것이다.

으로서 예에 입각한 몸가짐과 행동거지의 중요성을 언급한 것이다. 공자 말의 핵심은 '예'와 '악'의 상호 불가분성에 있는데, 공자는 이 둘이 서로 떨어질 수 없다고 보았으니, 이 둘이 상호 보완적 관계임을 나타내는 예악(禮樂)이란 말이 나온 것도 이런 관점에서 볼 수 있다.

◆ 8 '이제'는 요임금과 순임금을 가리키며, '삼왕'은 우임금, 탕임금, 그리고 문왕(文王)과 무왕(武王)을 가리킨다. 전자는 '요전(堯典)'과 '순전(舜典)'의 주인공들이고, 후자는 '하서(夏書)', '상서(尙書)', '주서(周書)'의 주인공들이므로 이렇게 적은 것이다.

◆ 次讀易經, 於吉凶存亡進退消長之幾, 一一觀玩, 而窮硏焉.

『춘추』 읽기

다음으로 『춘추』를 읽어 성인이 선한 이를 상 주고 악한 이를 벌한 것, (잘못한 자를) 억눌러서 조종하는 은밀한 말씀과 오묘한 의미[9]에 대해 하나하나 정밀하게 연구해서 정확하게 깨달아야 할 것이다.

◆ 次讀春秋, 於聖人賞善罰惡抑揚操縱之微辭奧義, 一一精硏, 而契悟焉.

그 밖의 독서 목록

(이러한) 오서(五書)[10]와 오경(五經)을 돌려 가며 깊이 읽어 글의 이치를 깨닫는 것을 그만둠이 없어서 의리와 이치가 나날이 밝아지게 해야 한다. 그러고 나서 송나라 선배 유학자들이 지은 『근사록(近思錄)』, 『가례(家禮)』, 『심경(心經)』, 『이정전서(二程全書)』, 『주자대전(朱子大全)』, 『어류(語類)』 및 다른 성리(性理)의 학설 같은 책들을 마땅히 틈틈이 정밀하게 읽어 의리로 하여금 늘 자신의 마음속

◆9 원문의 '미사오의(微辭奧義)'를 번역한 것으로 공자 역사관의 기본적인 맥락이다.
◆10 '오서'는 사서(四書)에 『소학』을 포함시켜 부른 명칭이다.

에 스며들어 와 어느 때든 끊어짐이 없도록 해야 한다.

그러고 난 다음 남는 힘◆¹¹으로 역사서를 읽어 옛날과 오늘의 일의 변하는 이치에 통달해서 식견을 길러 나가야 할 것이다. 그러나 이단(異端)◆¹²이나 잡스럽고 바르지 못한 글은 잠깐 동안이라도 펼쳐 읽어서는 안 될 것이다.

◆ 五書五經, 循環熟讀, 理會不已, 使義理日明, 而宋之先正所著之書, 如近思錄家禮心經二程全書朱子大全語類, 及他性理之說, 宜間間精讀, 使義理常常浸灌吾心, 無時間斷, 而餘力, 亦讀史書, 通古今, 達事變, 以長識見. 若異端雜類不正之書, 則不可頃刻披閱也.

◆¹¹ 원문의 "여력(餘力)"을 번역한 것으로『논어』「학이」편에 나오는 공자의 말이다. "공자께서 말씀하셨다. '젊은이는 (집에) 들어오면 효도하고 (집을) 떠나서는 우애로우며, 삼가고 믿음이 있으며 널리 대중을 아끼면서도 어진 사람을 가까이 한다. (이것들을) 실천하고 남는 힘이 있으면 곧 글을 배운다.'(子曰 '弟子入則孝, 出則悌, 謹而信, 汎愛衆而親仁. 行有餘力, 則以學文.')"

◆¹² 여기서의 "이단(異端)"이란 주류 사상인 주자학과 대척점에 선 불교와 도교 등의 사상을 말한다. 이 단어는『논어』「위정」편에 나온다. "공자께서 말씀하셨다. '이단을 공격하는 것은 해로울 뿐이다.'(子曰 "攻乎異端, 斯害也已.")" 공자가 말하는 '이단'이란 유가와 어긋나는 사상을 포괄적으로 가리키는 말인데, 구체적으로 묵가 학파를 지칭한다고 볼 수 있다. 묵자는 유가 학설이 귀족들의 예(禮), 상(喪), 악(樂), 장(葬)을 옹호하여 백성을 상하게 한다고 보고 유가의 반대편에 섰으며, 묵자가 유가를 집중 공격한 것은 유가의 한 이단적 지파를 대표함을 시사한다. 한편『논어역주(論語譯註)』의 저자 양보쥔(楊伯峻)은 필자의 관점과 달리 이단을 '다른 학설 혹은 학파'로 보기는 어렵다고 하면서 '부정확한 의논(議論)'으로 번역해야 한다고 주장했다.

대체로 글을 읽는 데는 반드시 한 가지 책을 찬찬히 읽어서 그 의
리를 모두 깨달아 다 통달하여 의심스러운 곳이 없어진 뒤에야[13]
비로소 다른 책을 읽어야 할 것이고, 많은 것을 읽기 탐내어 얻기만
을 힘쓰고 바쁘고 분주하게 물을 건너고 사냥하듯 해서는 안 된다.

◆ 凡讀書, 必熟讀一冊, 盡曉義趣貫通, 無疑然後, 乃改讀他書, 不可貪多
務得, 忙迫涉獵也.

◆13　율곡의 독서법은 깊이 읽는 정독의 방식으로 책을 읽으면 대의를 깨닫는 데 그치지 않
　　고 세밀히 이해하는 방식이다. 한편 중국의 전원시인 도연명(陶淵明)은 「오류선생전(五
　　柳先生傳)」이라는 산문에서 전기 형식을 빌려 자신의 이야기를 담담하게 표현했는데 해
　　학적인 문투가 일품이다. 물론 선생(先生)은 도연명 자신이다. 첫 머리는 이렇게 시작된
　　다. "선생은 어디 사람인지 알지 못하고 그 성과 자도 자세히 하지 않다. 집 주위에 버드나
　　무 다섯 그루 있어 그 호로 삼았다. 한가롭고 고요하며 말이 적고 명예와 실리를 도모하
　　지 않았다. 독서를 좋아하지만 깊은 해석을 구하지는 않고 뜻 맞는 곳이 있기만 하면 기
　　꺼이 밥 먹는 것도 잊어버린다.(先生不知何許人, 亦不詳其姓字, 宅邊有五柳樹, 因以爲號焉. 閑
　　靖少言, 不慕榮利, 好讀書, 不求甚解. 每有意會, 便欣然忘食.)" 그는 책을 읽을 때도 한 자 한 구
　　의 해석에 구애받기보다는 책 속의 대의를 깨닫는 데 중점을 두며, 자신의 생각과 들어
　　맞는 곳이 있으면 그곳에 푹 빠져들어 청복(淸福)을 누린다는 내용이다. 과연 도연명의
　　진중하지 못한 독서법을 율곡 선생도 알고 있었을 법한데, 사뭇 다른 어조니 비교해 보
　　는 것도 흥미롭지 않은가.

해설

  독서의 중요성과 그 구체적인 방법을 논의하고 있다. 책을 통해 사물의 이치를 탐구하고 삶의 방향을 정할 것이냐 하는 문제를 다루면서 책을 대하는 마음 자세를 말한다. 공경하는 마음과 온전히 모든 것을 습득하겠다는 자세가 필요하다는 것이다. 특히 책을 읽는 구체적인 순서를 정해서 소학 ― 대학 ― 논어 ― 맹자 ― 중용 ― 시경 ― 예경 ― 서경 ― 역경 ― 춘추 ― 기타 송 대 성리학 서적의 순서로 읽어 나갈 것을 권하고 있다. 이러한 독서 목록은 성인이나 현인들이 쓴 것들로서 올바른 심성과 정확한 판단력을 기르기 위한 기본 지침서 역할을 하는 책이며 이치를 궁구하기 위한 필수적인 것들이다. 율곡의 독서법은 이러한 책들을 읽되 책의 의미를 분명히 알아야지 많은 것을 읽은 척해서는 안 된다는 것이다. 섭렵, 즉 '물을 건너고 사냥하듯 한다.'라는 말에서 보이듯 주마간산(走馬看山) 격의 독서법을 지양하고 있다.

  『소학』은 순서대로 보면 『대학』과 반대되는 것으로 어린이가 익혀야만 하는 자기 수양과 관련된 내용이다. 『소학』의 핵심 내용은 '입교', '명륜', '경신' 세 편인데 '명륜'은 인간관계 속에서 자신의 도를 설명하는 내용이 많다. 그래서 『대학』을 읽기 전에 『소학』을 읽는 것이 순서다. 율곡은 『소학』을 읽지 않으면 『대학』으로 들어갈 수 없다고 본 것이다.

『대학』이란 분량은 적지만 유학이 지향하고 있는 궁극적인 목적이 밝혀져 있어 중요한 비중을 차지하고 있는 경전이다. '삼강령'과 '팔조목'은 『대학』의 핵심으로 이 개념을 이해해야만 제대로 알 수 있다.

　『논어』는 공자와 제자들의 언행을 기록한 것으로 대단히 구체적이며 일상생활의 내용을 담고 있어 쉽게 이해된다. 『논어』에서 핵심 개념은 '학'과 '인'이다. 특히 늘 책 읽는 습관의 중요성을 언급하면서 마무리하고 있다.

　『맹자』는 맹자가 제자들과 대화한 내용 및 제후들을 방문해서 그들과 문답한 것이 많다. 『맹자』의 문장은 대나무를 칼로 쪼개는 듯이 격한 논조를 띠고 있어 호탕함을 느낄 수 있다. 핵심 주장은 왕도 정치와 성선설이며 맹자는 왕도 정치의 가능성을 성선설에 기초하여 전개하고 있다. 맹자가 말하는 사단설 또한 인간의 보편적인 감정을 성선에 기반을 두고 주장하고 있다.

　『중용』은 공자의 손자인 자사가 공자의 말씀을 전한 것으로 알려져 있으며 분량은 적지만 추상적인 내용이 많아 이해하기 어려운 문헌이다. '중(中)'은 중심이고 '용(庸)'은 평범하다는 뜻이다. 이는 일상생활 속에서 최고의 도덕 원리로 중용의 도가 실천하기 어려운 것이 아니라는 점을 말하고 있다. 『중용』에서 말하는 것은 인간과 우주의 교감과 일체감이다.

　그다음으로 『시경』이다. '시'는 사람의 마음이 사물에 감동되어 표출된 것으로 마음을 그대로 나타낸 것이라고 할 수 있다. 마음속의 본성에서 나온 것이 '정(情)'인데 정은 간사하거나 잡된 생각이 없는 순정을 띠고 있는 것이다.

『예경』은 『예기』를 말한다. 『예기』는 주나라 말기부터 한나라 초기까지 유학자들이 옛 예법에 관한 학설을 모아 놓은 것으로 공자와 그 제자들의 말이 주된 내용이다. 정현을 비롯하여 『예기』에는 다양한 주석이 존재했는데 『예기』에서 예에 관한 다양한 이론을 폭 넓게 다루고 있어 사상적인 가치가 두루 배어 있다. 『예기』에는 특히 순자학파의 사상이 많이 반영되어 있어 유학 사상의 깊이 있는 연구를 위한 필독서이다.

　『서경』은 요임금으로부터 주나라까지의 제왕들의 발언과 행동을 기록한 것으로 가장 오래된 산문집이다. 따라서 '서'란 기록의 의미가 아니라 선왕들의 귀중한 자료라는 의미를 담고 있다. 『서경』에는 옛날의 성왕들의 정치의 모습과 집권자들의 선행과 좋은 말씀 및 신하가 군왕에 대해 간언하거나 충언한 내용 등이 실려 있으며 정치와 교화에 관한 것들이 많은데 애민과 중민이 핵심 개념이다.

　『역경』은 『주역』이다. 유학의 가장 기본적인 경전으로 본래는 점치는 책이었으나 유학의 경전이 되면서 『역경』이 되었다. '역'이란 '변역', 즉 바뀐다는 뜻이다. 천지만물이 끊임없이 변화하는 가운데 흘러가는 자연현상을 의미한다. 『주역』은 상하경문과 십익(十翼)으로 이루어져 있다. 상하의 경은 64괘사와 384효사로 이루어져 있는데 8괘는 음양을 축으로 하여 '건'과 '곤' 두 괘로부터 여섯 자녀가 태어났다. 8괘는 자연물을 상징하며 여기에 8괘를 다시 곱하여 64괘가 만들어져 있다. 십익은 공자가 지은 것으로 알려져 왔으나 청 대의 최술(崔述)이라는 학자가 공자의 저작이 아니라고 고증하였다. 주역의 기본적인 사상은 하늘의 도를 가지고 사람의 일을 밝히는 것이다. 자연의 법칙에 순응하는 것이 길이고 거스르는 것이 흉이라고 보았다. 길과 흉을 피하거나 따르는 것이 세상을 살아가는 이치이며 제아무리 흉의 상황이 닥치더라도 중도를 이행하면 면할 수 있다는 것이다.

『춘추』는 공자 나름의 역사관과 가치관이 피력되어 있는 책으로 노나라 은공(隱公) 원년으로부터 애공(哀公) 14년까지 약 241년의 중요한 일을 노나라 위주의 편년체로 엮어놓은 책으로 간략한 서술이 특징이다. '미언대의(微言大義)' 형식으로 이루어져 공자의 사회 현실 문제에 대한 견해를 볼 수 있다. 이 책의 핵심은 군주와 신하 사이의 명분을 중시하고 왕실을 존중하며 반역자를 필주(筆誅)하는 데 있다. 여기서 '춘추필법(春秋筆法)'이라는 말이 나왔다. 문장은 매우 짧지만 자구의 구성이 탄탄하며 간결하고 평이한 구조다.『춘추』의 경문에는 사건이나 인물이 공자의 정치 이념 아래 비판적으로 평가되고 있는데 바로 이『춘추』를 경서의 위상으로 끌어올린 사람은 순자였다. 순자는 오경의 하나로 춘추를 분류하여 역사적 사실만 담고 있다는 것이 아니라 대의명분을 갖고 있다고 판단했다.『춘추』는 문장이 지극히 간결하여 뜻을 파악하기가 쉽지 않아 세 명의 학자가 여기에 풀이를 하여 책을 만들었으니 그것을 춘추삼전이라고 한다. 특히 좌구명이 지은『춘추좌씨전』은 역사란 그 사건에 대한 저자의 철저한 가치 판단에 의해 기록되어야 한다는 점을 강조하면서 유명한 춘추필법이란 용어를 만들어 냈고 중국 역사 서술의 모범이 되었다.

『근사록』은 주희와 여조겸이 주돈이, 정호, 정이, 장재 등 네 학자의 글에서 학문의 핵심들을 가려 뽑아 편집한 책으로 622조의 항목에 14권으로 이루어져 있다. 내용은 수양과 이단구분법, 성현을 보는 법

등이 있으며 진덕수(陳德秀)의 『심경』과 함께 신유학의 필수 문헌 중 하나로 꼽힌다.

『가례』는 집안을 다스리기 위한 예법이 주된 내용으로 주나라 이래 지어진 것들은 많지만 주희의 『주자가례』가 가장 알려져 있다.

『심경』은 송 대 진덕수가 지은 것으로 심학에 관련된 성현들의 격언을 모아 엮은 성리학 책이다. 퇴계 이황도 이 책을 존중하여 조정에서 이 책을 보급할 것을 건의하기도 하였다.

『이정전서』는 주희가 스승으로 모셨던 정호와 정이 형제의 글들을 모아 두었던 것을 1606년 명나라의 서필달(徐必達)이 교정하여 68권으로 만든 책이다. 『주자대전』과 함께 유학자들의 필독서였다. 우리나라에도 68권 15책의 목판본이 규장각에 있다.

『주자대전』은 주희의 문집으로 본편 100권, 결집 11권, 속집 10권으로 구성되어 있으며 주희가 평생 동안 쓴 글과 다른 학자들과의 문답을 편지, 시문, 묘지 등 저작들과 함께 모은 방대한 책이다. 이 『주자대전』은 우리나라에서 1543년에 간행된 적이 있고 지방에서도 여러 번 간행되어 있어 귀중한 성리학 관련 책으로 널리 읽혀 왔음을 보여 준다.

『주자어류』는 『주자어류대전』이 정식 명칭인데 남송의 성리학자 여정덕(黎靖德)이 편찬한 것이다. 140권으로 구성되어 있고 그 내용은 주희와 문인들 사이의 문답의 기록을 편찬한 것인데 주희의 사상을 이해하는 데 중요한 책이다.

이러한 책들에 대해 율곡은 숙독과 정독을 권유하고 있다. 이 책들에는 성인들의 삶의 지혜와 개인의 덕을 함양하기 위한 좋은 말씀이

담겨져 있어 처음부터 끝까지 정독해야만 제대로 이해할 수 있다고 본 것이다. 책을 읽는 목적은 그 안에 담겨 있는 이치를 알기 위함이다. 그러기 위해서는 책의 내용을 단순히 암기하고 지식만을 습득하는 것은 부족하며 숙독과 실천 과정이 병행되어야만 한다. 참된 배움이란 지식의 많고 적음이 아니라 그것을 일상생활에서 어떻게 응용하느냐에 따라 달려 있다.

한 권 한 권 읽어 가며 그 내용을 완전히 숙지할 때까지 다른 책을 이것저것 보지 말라는 율곡의 독서법은 오늘 읽어도 여전히 유용하다.

5장

어버이를 섬기다

事親章 第五

여기서는 부모 섬기는 도리를 말한다. 부모에 대한 효도는 시간이 흐르면 할 수 없으므로 살아 계시는 동안 효를 행하고 자신과 부모와의 뜻이 어긋날 때에는 부모님께 부드러운 어조로 아뢰라는 것을 강조하고 있다. 부모를 잘 섬기는 효는 어떠한 특징적인 행동, 행위만으로써 행할 수 있는 것이 아니라 효를 생각하는 그 마음가짐 또한 매우 중요하다는 것을 새삼 깨닫게 된다.

부모님이시여

　대체로 사람이란 부모에게 마땅히 효도◆¹ 해야 한다는 것을 알지 못하는 이가 없으면서도, 효도를 하는 자는 정말로 드물다. (그것은) 다름 아닌 부모의 은혜를 깊이 알지 못하는 데서 말미암은 것이다. 『시경』에 이르지 않았던가.

　"아버지는 나를 낳으시고, 어머니는 나를 길러 주셨네. 깊은 은혜를 갚고자 한다면 넓은 하늘처럼 끝이 없구나."◆²

　사람의 자식 된 자로서 (부모에게) 생명을 받았으니, 성명(性命, 목숨)과 피와 살은 모두 어버이가 남겨 주신 것이다. 숨을 쉬어 들이마시고 내뱉으면서 기운과 혈맥이 서로 통하니, 이 몸은 나의 사사로운 물건이 아니고 바로 부모가 남겨 주신 기운인 것이다. 그러므로 (또한 『시경』에서) "애달프다, 애달프다, 부모님이시여! 나를 낳아 기르시느라 애쓰시고 수고로웠네."라고 하였으니, 부모의 은혜로움이 어떠하리오. 어찌 감히 스스로 그 몸을 가졌다 하여 부모에

◆1　원문의 "효(孝)"를 번역한 것이다. 『명심보감』에도 「효행(孝行)」 편이 있어 모든 행동의 근간이 부모에 대한 효도에서 비롯됨을 밝히고 있는데, 함께 읽어 보면 좋다.

◆2　이 시는 『시경』 「소아ㆍ육아(蓼莪)」 장에 나온다. "호천망극(昊天罔極)"이란 부모께서 양육한 은덕이 너무도 깊고 넓어 보답하려 해도 보답할 길이 없음을 말한 것이다. 이러한 해석은 주희가 『시집전(詩集傳)』에서 부모님의 은혜야말로 "그 큼이 하늘이 끝이 없는 것과 같아서 갚을 방법을 알지 못하겠다."라고 한 의미에서 벗어나지 않는다. 조식(曹植)의 「책궁(責躬)」이란 시에도 "호천망극(昊天罔極)"이란 말이 나온다. '호천'은 창천(蒼天), 즉 푸른 하늘이다.

게 효도를 다하지 않으리오.[3] 사람이 늘 이 마음을 갖는다면 저절로 부모에게 향하는 정성이 생기게 될 것이다.

◆ 凡人, 莫不知親之當孝, 而孝者甚鮮, 由不深知父母之恩故也. 詩不云乎, 父兮生我, 母兮鞠我, 欲報之德, 昊天罔極. 人子之受生, 性命血肉, 皆親所遺, 喘息呼吸, 氣脈相通, 此身非我私物, 乃父母之遺氣也. 故曰, 哀哀父母, 生我劬勞. 父母之恩, 爲如何哉, 豈敢自有其身, 以不盡孝於父母乎, 人能恒存此心, 則自有向親之誠矣.

승낙이 먼저다

대체로 부모를 섬기는 자는 한 가지 일이나 한 가지 행동이라도 감히 제 맘대로 하지 말며, 반드시 (부모에게 여쭈어) 명을 받고난 다음에 행해야 한다. 만일 마땅히 해야 할 일이라도 부모가 이를 허락지 않을 때는 반드시 간곡히 그 사유를 여쭈어서 승낙을 얻어낸 다음에야 행해야 한다. 만일 끝내 부모가 승낙하지 않으신다고 해도 또한 곧바로 제 뜻대로 (일을) 마칠 수는 없는 것이다.

◆ 凡事父母者, 一事一行, 毋敢自專, 必稟命而後行. 若事之可爲者, 父母不

◆3 이 구절은 『논어』「학이」편의 다음과 같은 문장을 떠올리게 만든다. "젊은이는 (집에) 들어오면 효도하고 (집을) 떠나서는 우애로우며, 삼가고 믿음이 있으며 널리 대중을 아끼면서도 어진 사람을 가까이 한다. (이것들을) 실천하고 남는 힘이 있으면 곧 글을 배운다.(弟子入則孝, 出則悌, 謹而信, 汎愛衆而親仁. 行有餘力, 則以學文.)"

許, 則必委曲陳達, 頷可而後行. 若終不許, 則亦不可直遂其情也.

어버이를 섬기는 하루 일과

날마다 날이 밝기 전에 일어나서 세수하고 머리를 빗고 난 다음 옷을 입고 띠를 매고 부모가 주무시는 곳으로 나아가, 기운을 낮추고 목소리를 부드럽게 하여 더우신지 추우신지 편안하신지 불편하신지를 여쭙는다. 날이 어두워지면 주무시는 곳에 나아가 이부자리를 깔아 드리고 따뜻한지 서늘한지를 살펴본다.[4] 낮 동안 받들어 모실 때에는 늘 얼굴빛을 따스하게 하고 용모를 공손하게 하여 공경스럽게 응대하고, 좌우로 나아가 받들어 모시어 그 정성을 극진히 한다. 또 집을 나가거나 밖에서 돌아와서는 반드시 절한 다음 뵈어야 한다.[5]

[4] 원문의 "오한안부(燠寒安否)"라는 말과 "찰기온량(察其溫凉)"이란 말은 바로 효자로서 어버이를 섬기는 기본적인 자세. 성어로 널리 알려진 '혼정신성(昏定晨省)'과 유사한데, 저녁에는 잠자리를 살피고 아침에는 일찍이 문안을 드린다는 뜻으로, 겨울에는 따뜻하고 여름에는 서늘하게 살핀다는 의미의 동온하청(冬溫夏淸)과도 일맥상통한다. 아울러 이 부분의 문장은 『명심보감』「효행」편에서 공자의 말을 인용한 다음 문장과 비교해 읽어도 의미가 잘 들어온다. "효자가 어버이를 섬기는 법이란, 기거함에 그 공경을 다하고, 봉양함에는 그 즐거움을 다하며 병드신 때에는 그 근심을 다하고, 돌아가신 때에는 그 슬픔을 다하며, 제사 지낼 때에는 그 엄숙함을 다한다.(孝子之事親也, 居則致其敬, 養則致其樂, 病則致其憂, 喪則致其哀, 祭則致其嚴)."

[5] '의려지망(倚閭之望)'이란 말이 있다. 부모님은 늘 자식을 문에 기대어 기다린다는 의미이니, 자식이 바깥에서 돌아와 부모님께 문안 인사를 올리는 것은 근심을 덜어 드리기 위한 것이다.

◈ 每日未明而起, 盥櫛衣帶, 就父母寢所, 下氣怡聲, 問燠寒安否, 昏則詣
寢所, 定其褥席, 察其溫凉. 日間侍奉, 常愉色婉容, 應對恭敬, 左右就養,
極盡其誠, 出入必拜辭拜謁.

부모의 입맛에 맞춰라

　요즘 사람들은 대부분 부모에게 길러 준 은혜를 입고서도 자기
힘으로 그 부모를 봉양*6하지 못하니, 이와 같이 하여 세월을 보
내게 되면 끝내 충심으로 부모를 봉양할 때가 없어질 것이다. 반드
시 몸소 집안일을 담당하고 스스로 맛있는 음식을 갖추어 드려야
만 자식 된 직분이 닦여졌다고 할 수 있으니, 만일 부모님이 이것
을 굳이 들어 받아들이지 않으실 때는 비록 자기가 집안일을 담당
하지 못하더라도 마땅히 이리저리 움직이고 도와 힘을 다해 맛있
는 음식을 마련하여 부모의 입맛에 맞도록 하는 것이 옳다. 만일
마음과 생각이 오로지 부모를 봉양하는 데 있으면, 참된 맛을 반
드시 얻을 수가 있을 것이다. 매번 왕연(王延)*7이 몹시 추운 날씨

◆6　여기서 봉양의 의미는 효(孝)의 본질로서 단순히 먹여 주는 형이하학적 차원의 것이 아
니다. 바로 공자의 제자 자유(子游)가 효의 본질에 물었을 때 공자의 다음 말을 음미해
보아야 한다. "오늘날의 효라는 것은 부모를 봉양하는 것을 말한다. 개나 말 따위도 모
두 (서로를) 먹여 주고 있으니, 공경하지 않는다면 무엇으로 구별하겠느냐?(今之孝者, 是
謂能養. 至於犬馬, 皆能有養. 不敬, 何以別乎?)"

◆7　진(晉)나라 때의 효자로서 아홉 살 때 어머니를 여의고 어려서 몸이 아팠으나 돌아가
신 어머니의 제사 때가 되면 삼순(三旬) 동안을 울었다고 전해지며, 그의 계모가 엄동설
한에 산 물고기를 먹고 싶다고 하여 구해오지 못하면 매질하여 피가 온몸에 흐를 정도

에도 제 몸에는 성한 옷을 걸치지 못하고서도 어버이에게는 맛난 음식을 극진히 대접하여 다른 사람으로 하여금 감탄해서 눈물을 흘리게 했다는 것을 생각해야 한다.

◈ 今人, 多是被養於父母, 不能以己力, 養其父母, 若此奄過日月, 則終無忠 養之時也. 必須窮幹家事, 自備甘旨, 然後子職乃修, 若父母見不聽從, 則 雖不能幹家, 亦當周旋補助, 而盡力得甘旨之具, 以適親口, 可也, 若心心念 念, 在於養親, 則珍味亦必可得矣. 每念王延, 隆冬盛寒, 體無全衣, 而親極 滋味, 令人感歎流涕也.

사랑보다 공경이 먼저다

사람들 집안에서 아버지와 자식 사이는 대부분 공경하는 마음 보다 사랑하는 마음이 지나치기 쉬우니, 반드시 낡은 습관을 깨끗 이 씻어 없애고 존경을 지극히 해야 한다. 부모가 앉아 계시고 누 워 계시는 곳에서는 자식이 감히 앉거나 눕지 못하며, 부모가 손님 을 접대하는 곳에서는 자식이 감히 (자기의) 손님을 접대하지 못하 며, 부모가 말을 타고 내리는 곳에서는 자식이 감히 말을 타고 내 리지 않는 것이 옳다.

로 학대했으나, 이런 것에도 아랑곳하지 않고 계모에게도 극진히 대하여 결국 소생처럼 왕연을 사랑했다는 이야기가 있다. 『진서(晉書)』 「효우전(孝友傳)」에 그의 이야기가 실려 있다.

◈ 人家父子間, 多是愛逾於敬, 必須痛洗舊習, 極其尊敬. 父母所坐臥處, 子不敢坐臥, 所接客處, 子不敢接私客. 上下馬處, 子不敢上下馬, 可也.

부드러운 목소리로 진언하라

부모의 뜻이 만일 의리에 해로운 것이 아니면, 마땅히 먼저 부모의 뜻을 이어 받들어 순순히 행하고 조금이라도 어기지[8] 말아야 한다. 만일 부모의 뜻이 의리에 해로우면 기운을 온화하게 하고 안색을 부드럽게 하고 목소리를 부드럽게 하여 간하고, 반드시 틈나는 대로 진언하여 반드시 (부모가) 들어 받아들이도록 해야 한다.

◈ 父母之志, 若非害於義理, 則當先意承順, 毫忽不可違. 若其害理者, 則和氣怡色, 柔聲以諫, 反覆開陳, 必期於聽從.

[8] 원문의 "위(違)"를 번역한 것으로 『논어』 「위정」편에 보이듯 효란 어긋남이 없는 것이라는 데서 따온 것이다. "맹의자가 효에 대하여 물었다. 공자께서 말씀하셨다. '어긋남이 없는 것입니다.' 번지가 수레를 몰고 있었는데, 공자께서 그에게 이렇게 말씀하셨다. '맹손이 나에게 효를 물어 내가 어긋남이 없는 것이라고 대답했다.' 번지가 물었다. '무슨 뜻으로 하신 말씀입니까?' 공자께서 말씀하셨다. '(부모가) 살아 계실 때는 예로써 섬기고, 돌아가신 다음에는 예로써 장사를 지내고, 예로써 제사를 모시는 것이다.'(孟懿子問孝, 子曰"無違." 樊遲御, 子告之曰"孟孫問孝於我, 我對曰無違." 樊遲曰"何謂也." 子曰"生, 事之以禮, 死, 葬之以禮, 祭之以禮.")" 맹의자는 노나라의 귀족으로 '맹'은 성이고, '의'는 시호이며, '자'는 존칭이다. 맹손은 맹의자의 아들이고, 그의 이름은 '체(彘)'였기 때문에 무백체(武伯彘) 혹은 중손체(仲孫彘)라고도 부른다. 번지는 곧 번수(樊須)이고, 자는 자지(子遲)인데, 자로써 부른 것이다. 농사일을 좋아하여 공자에게 욕을 먹은 적이 있다.

부모에게 질병이 생기면 마음속으로 근심하여[9] 얼굴빛도 풀죽인 채 다른 일들은 모두 내버려 두고 오직 의원에게 묻고 약을 지어다가 쓰는 데에 힘써야 할지니, 병이 그치면 처음으로 돌아가야 (모셔야) 한다.

◈ 父母有疾, 心憂色沮, 捨置他事, 只以問醫劑藥爲務, 疾止復初.

날마다 생활하는 사이나 짧은 시간일지라도 부모를 잊지 않아

◈[9] 사실 자식이 부모의 질병을 걱정하는 것보다는 부모가 자식을 걱정하는 것이 오히려 더 심하다. 『논어』 「위정」 편에 이런 구절을 음미해 보자. "맹무백이 효에 대하여 물었다. 공자께서 말씀하셨다. '부모는 오로지 그(자식)의 질병을 근심한다.'(孟武伯問孝. 子曰 "父母唯其疾之憂.")" 이 구절에 대한 이설은 많다. 원문의 "기(其)"를 어떻게 해석하느냐가 관건이다. 만일 앞 단어 '부모'를 지칭하는 대명사로 보면 "부모는 오직 자신의 질병을 근심한다."로 번역되어야 하므로 어색하다. 필자는 '부모의 것'으로 보았다. 부모의 것은 바로 '자식'이니 자식으로 옮기면 문맥상 맞는다. "부모는 오로지 자식의 질병을 근심한다."는 것은 부모로 하여금 자식 걱정을 하시지 않도록 해야 효도라는 것이다. 부모를 위해 자기 몸을 잘 챙기는 것이 효의 출발이고 가장 큰 부분이라는 것이다. 마음 또한 이 문장을, "효자는 언제나 부모 속을 썩이지 않는 것인데 병이 나게 되면 부모 속을 썩이게 된다."라고 풀이했다. 결국 효의 본질은 자식이나 부모나 그 근본은 마찬가지요 상호 작용을 하는 선에서 이루어진다는 점이다.

야 비로소 효도한다고 이름할 수 있으니, 제 몸가짐을 삼가지 않고 법도도 없이 시시덕거리며 노닐면서 세월을 보내는 자는 모두 그 부모를 잊어버린 것이다.

◈ 日用之間, 一毫之頃, 不忘父母, 然後乃名爲孝, 彼持身不謹, 出言無章, 嬉戲度日者, 皆是忘父母者也.

삼공의 자리와도 바꿀 수 없는 것

세월이란 흐르는 물과 같아 부모를 섬기는 시간도 길지 않다. 그러므로 자식 된 자는 모름지기 정성을 다하고 힘을 다하여 (온 힘이) 미치지 못할까 두려운듯 하는 것이 옳다. 옛사람의 시에 말한다.

"옛사람은 하루 동안의 (부모) 봉양을 삼공(三公)◆10과도 바꾸지 않는다."◆11

◆10 조선의 영의정(領議政), 좌의정(左議政), 우의정(右議政)의 삼정승을 말한다.

◆11 이 구절의 출전은 아니지만, 이와 관련된 중국의 사례가 있어 소개한다. 진(晉)나라 사람 이밀(李密)이 쓴 「진정표(陳情表)」에는 다음과 같은 글귀가 실려 있다. 이 글은 조모 유씨의 병세가 위독하여 이밀이 부득이 관직을 사양하게 됨을 황제께 고하는 글이다. "저는 조모께서 안 계셨더라면 오늘에 이를 수 없었을 것이며, 조모께서는 제가 없으면 여생을 마칠 수 없을 것입니다. 저는 금년 마흔넷이고, 조모 유씨는 아흔여섯이니, 제가 폐하께 충성을 다할 날은 길고 조모 유씨에게 은혜를 보답할 날은 짧습니다. 까마귀가 어미 새의 은혜에 보답하려는 마음으로 조모가 돌아가시는 날까지만 봉양하게 해주십시오.(臣無祖母, 無以至今日, 祖母無臣, 無以終餘年, 母孫二人, 更相爲命, 是以區區不能廢遠. 臣密, 今年四十有四, 祖母劉, 今九十有六, 是臣, 盡節於陛下之日長, 報劉之日短也. 烏鳥私情, 願乞終養.)" 이밀은 어려서 아버지를 잃고 어머니 하씨가 개가하자, 할머니의 손에서 자랐으

이른바 날짜를 아낀다[12]는 것이 이와 같은 것이다.

◆ 日月如流, 事親不可久也, 故爲子者, 須盡誠竭力, 如恐不及, 可也. 古人詩曰古人一日養, 不以三公換. 所謂愛日者, 如此.

며, 효심이 두터워서 할머니의 병간호를 하고자 황제가 내린 관직을 물리쳤다.

◆12 원문의 "애일(愛日)"을 번역한 것으로 부모를 잘 섬기기 위해 세월을 아끼는 것을 말한다. 본래 이 단어는 『논어』 「이인」 편에서 공자의 말씀인 "부모의 나이는 알고 있지 않을 수 없다. 한편으로는 (오래 사시는 것에) 기뻐하고, 한편으로는 (노쇠하시는 것에) 두려워하기 때문이다.(父母之年, 不可不知也. 一則以喜, 一則以懼.)"라는 문장을 두고 주희가 『집주(集註)』에서 풀이한 "날짜를 아끼는 정성이 저절로 멈출 수 없게 될 것(於愛日之誠, 自有不能已者)"이라는 구절에서 따온 것이다.

　전해 내려오는 이야기에 부모가 늙어 봉양하기가 귀찮으면 산에다 버리는 풍습이 있어 '고려장'이라고 했다고 한다. 어떤 사람이 남들이 하는 대로 늙은 아버지를 지게에 지고 산으로 가는데, 어린 아들놈이 뒤따랐다. 산에 다 가서 아버지를 내려놓고 꺼림칙하여 지게를 부수려고 하니, 아들이 말리면서 이렇게 말했다. "아버지, 멀쩡한 지게는 왜 부수어요? 그냥 가져다 두었다가 다음에 제가 아버지를 버릴 때 쓰면 좋지 않겠어요?" 그러자 아버지는 아들의 말을 듣고 깨달은 바가 있어 버렸던 아버지를 다시 지고 내려와 돌아가실 때까지 잘 봉양했다고 한다.

　율곡은 부모에게 효도를 다하는 구체적인 방법을 『시경』 구절을 인용하여 구체적으로 설명하고 있다. 율곡의 효도관은 기본적으로 유가와 맥락이 같다.

　부모와 자식은 인간이 태어나 가장 먼저 생성되는 인간관계이다. 이런 관계가 가장 아름답게 유지되는 것은 자애로움과 효도에서 비롯된다. 특히 자식 된 자로서 효는 부모로부터 물려받은 생명을 있게 해 준 은혜로움을 보답한다는 점에서 당위성이 있다. 인간은 태어나더라도 적어도 3년 동안 부모님의 보살핌을 받기 때문에 부모가 돌아가셨을 때 3년상을 치르는 것도 이것에 대한 보답인 것이다. 율곡은 『시경』의 구절을 인용하여 이 장을 시작하면서 나를 낳고 나를 기르느라 고

생하신 부모님 은혜를 생각할 때 효도는 자식 된 자의 기본 도리라고 당위를 내세운 것이다. 공자도 『논어』에서 3년 동안 아버지의 도를 고치지 않는 것이 효라고 보았으며 이는 설령 부모가 돌아가시더라도 부모님이 지켜 온 삶의 원칙을 자식이 몇 년 동안은 보존해야 하는 것이 의무라는 데까지 나아간다.

또한 율곡은 봉양의 문제를 말하고 있는데 자식은 늘 부모를 공경스럽게 받들어 모셔야 하며 자식이 부모에게 불경스러운 태도나 업신여기는 태도를 보이는 것은 마땅하지 않다고 보았다. 특히 '부자유친'이란 부모와 자식 간의 사랑을 의미하는 말이며 이는 부모를 봉양함에 있어 짐승을 기르듯 해서는 안 된다는 것을 이야기한다. 더불어 율곡은 부모가 병중에 있을 때 자식의 행동 원칙을 말하고 있다. 부모는 언제든 자식이 병이 나면 병이 다 나을 때까지 간호하느라 잠도 제대로 못 자는데 자식은 그러지 않는 경우가 많다. 자식 된 자라면 부모님이 병이 나면 반드시 마음속으로 근심하고 회복되기를 힘써야 할 것이다. 결국 효란 부모의 은혜에 대한 보답이지만 부모와 자식 간의 연결 고리이기도 하다. 부모가 자식을 통해 자신의 삶을 살아가듯 자식 역시 자신을 소중하게 생각한다면 부모에게 효도하는 것이 자연스러운 일이다.

이 장에서 다루고 있는 내용들을 오늘날 읽어 보면 다소 무리가 있는 논조도 있겠지만, 여기서 말하는 행동 하나하나를 논하기보다는 총괄적인 의미를 파악한다면 예나 지금이나 효를 행하는 기본적인 자세나 생각에는 변함이 없을 것이다. 어디서든지 부모님 생각을 잊지 않는 것, 부모님께서 걱정하실 일은 만들지 않는 것, 부모님의 말씀을 존중하고 중요하게 새겨듣는 것, 그리고 가장 중요한 것으로 부모님께 감사하는 마음을 잊지 않는 것. 결국 이 모든 것이 예나 지금이나 효를 논할 때에는 항상 하는 말이고 강조하는 말일 것이다.

6장

장사 제도
喪制章 第六

이 장에서는 주 문공의 『가례』에 따라 상례 절차를 해 나갈 것을 말하고 있는데 15개의 문단으로 구성되어 있으며, 슬픔을 다하고 공경을 다하는 것이 형식적인 절차보다 중요하다고 강조하였다. 따라서 예에 얽매어 그것을 행하는 것만이 올바른 도리가 아님을 강조하였다.

모르면 물어라

상제(喪制)는 마땅히 한결같이 주문공의 『가례(家禮)』[1]에 따라야 한다. 만일 의심이 생기거나 잘 모르는 곳이 있을 때는 선생이나 어른, 예를 아는 곳에 가서 물어서 반드시 그 예를 다하는 것이 옳다.

◈ 喪制, 當一依朱文公家禮, 若有疑晦處, 則質問于先生長者識禮處, 必盡其禮, 可也.

초혼

복(復)[2]을 부를 때에는 세속의 관례로는 반드시 어렸을 적 이

◈ 1 『가례』는 『주자가례(朱子家禮)』의 준말로서 『문공가례(文公家禮)』라고도 하며 앞부분에 주희의 서문 붙어 있는 판본이 있어 주희의 저작으로 알려져 있다. 권수는 판본마다 다른데 5권부터 14권에 이르는 여러 가지가 있다. 율곡이 이 장에서도 말하고 있듯이 이 책이 갖는 위상은 상당하였고 당시 우리나라 예법에 끼친 영향 또한 지대하였다. 그러나 이 책은 청 대의 고증학자들에 의해 주희의 저작이 아닌 것으로 밝혀졌다.

◈ 2 '고복(告復)' 혹은 '초혼(招魂)'이라고도 하며 죽은 사람의 넋을 부르는 의식이다. 사람이 죽으면 그가 살아 있을 때 입고 있던 저고리를 들고 지붕 위에 올라가 저고리의 동정은 왼손으로, 저고리의 허리춤은 오른손으로 잡고 북쪽을 향해 '복(復)'이라는 소리를 세 번 외치는데 이는 죽었지만 다시 되살려 보려는 의미이다. 좀 더 부연 설명해 보면, 인간은 '혼(魂)'과 '백(魄)'이라는 두 가지 영혼을 가지고 있다. '혼'과 '백'은 무엇인가? 사람이 처음 태어나면 백이라 부르고, 이미 백이 생기고 양기(陽氣)에서 움직이면 혼이라 부

름을 부르는데 (이는) 예가 아니다. 젊은 사람이면 오히려 이름을 불러도 되지만 어른에게는 이름을 불러서는 안 되며, 그가 살았을 때 부르던 호칭대로 하는 것이 옳다.〔부녀자에 대해서는 더욱이 이름을 불러서는 마땅하지 않다.〕

◈ 復時, 俗例, 必呼小字, 非禮也. 少者, 則猶可呼名, 長者, 則不必呼名, 隨生時所稱, 可也.〔婦女尤不宜呼名.〕

어머니의 상주는 남편인 아버지다

어머니 상(喪)에 아버지가 (살아) 계시면 아버지가 상주(喪主)가 되므로 대체로 축문(祝文)[3]의 문사도 마땅히 남편이 아내에게 고하는 예에 따라야 할 것이다.

◈ 母喪父在, 則父爲喪主, 凡祝辭皆當用夫告妻之例也.

른다. 사람의 정기를 혼이라 하고, 형체를 백이라 한다. 혼은 정신적인 영(靈)이며, 백은 육체적인 영으로, 전자가 죽어서도 후손들의 제사를 받는 영원한 존재라면, 후자는 죽은 후 시체가 썩을 때까지만 존재하는 유한한 존재이다. 옛사람들은 사람이 죽으면 정기인 혼이 형체인 백을 떠난다고 생각했다. 또 사람이 죽으면 혼을 불러 백에 되돌린 뒤에 땅에 매장해야 하며, 만일 이렇게 하지 않는다면 떠돌이 귀신이 된다고 여겼다. 따라서 사체가 된 백을 가능한 오래도록 보존하려고 옥 같은 것들을 부장품으로 사용하였다. 그리고 통치자가 죽으면 통치자의 여자들이나 노복들을 함께 매장시켜 사후 세계에서까지 그의 소유가 되도록 했다. 이것이 순장 제도이다.

◈ 3 장례를 치르고 나서 제사 지낼 때 저승에서 편하게 지내시라고 축원하는 글을 말한다.

4

부모상일 경우

부모가 막 돌아가시면[4] 아내와 첩, 며느리와 딸들은 모두 머리를 푼다. 남자들은 머리를 풀고 옷깃을 걷어 올린 채 맨발을 한다.〔소렴(小殮)이 지나면 남자는 (죄인처럼) 왼쪽 어깨를 드러내고 머리를 묶는다. 여자는 쪽을 찐다.〕 만일 아들인데 남에게 양자로 들어갔거나 딸인데 이미 시집을 갔거든 모두 머리를 풀거나 맨발을 하지 않는다.〔남자는 갓을 벗는다.〕

◆ 父母初沒, 妻妾婦及女子, 皆被髮, 男子, 則被髮扱上衽徒跣.〔小殮後男子, 則祖括髮, 婦人, 則髻.〕若子爲他人後者, 及女子已嫁者, 皆不被髮徒跣.〔男子, 則免冠.〕

5

엽하지 않았을 때부터 발인까지

시신이 침상에 있고 아직 빈소(殯所)[5]를 차리지 않았으면 남자와 여자들은 시신 곁에 자리 잡는데, 그 위치는 남쪽을 상석으로 하니, (이는) 시신의 머리가 있는 곳을 상석으로 삼기 때문이다. 빈소를 차리고 나서는 여자는 이전과 같이 당(堂, 마루) 위에 자리를

◆ 4   원문의 "초몰(初歿)"을 번역한 것으로 막 돌아가신 때를 말한다.
◆ 5   장례를 치르기 위해 죽은 자의 시신을 모셔 둔 관이 있는 장소를 가리킨다.

잡되 남쪽을 상석으로 삼는다. 남자는 뜰아래에 자리 잡되 그 자리는 북쪽을 상석으로 삼으니 빈소가 있는 곳으로 상석으로 삼기 때문이다. 발인(發引)[6] 할 때에는 남녀의 위치는 다시 남쪽으로 상석을 삼으니 영구(靈柩)가 있는 곳을 상석으로 삼기 때문이다. 때에 따라서 위치를 변화하는 것은 각각 예(禮)에 대한 의미가 있는 것이다.

◇ 尸在牀而未殯, 男女位于尸傍, 則其位南上, 尸頭所在爲上也. 旣殯之後, 女子, 則依前位于堂, 南上, 男子, 則位于階下, 其位當北上, 以殯所在, 爲上也. 發引時, 男女之位, 復南上, 以靈柩所在, 爲上也. 隨時變位, 而各有禮意.

6

조문법

  요즘 사람들은 대부분 예법을 알지 못하여 조문(弔問)[7] 하러 온 손님이 위로할 때마다 전혀 일어나지 않고 단지 몸을 구부리고 엎드리기[8] 만 하고 있으니 이것은 예법이 아니다. 조문객이 영좌(靈

◆6 상여가 집에서 묘지로 떠나는 절차라고 하며 발인(發靷)이라는 한자어가 더 알려져
    있다.
◆7 조문이란 조상(弔喪)과 문상(問喪)을 합친 말로 조상은 죽은 사람의 영좌에 예를 드리
    는 것이고 문상은 살아 있는 상주를 위문하는 예다. 고대의 예법에 의하면 남자가 죽었
    을 때는 조문을 했지만 여자가 죽었을 경우에는 조상은 하지 않고 문상만 하였다. 물론
    지금은 차이가 없다.
◆8 원문의 "부복(俯伏)"을 번역한 것으로 몸을 구부려 엎드려 있는 것을 말한다.

座)◆⁹에 절을 하고 나오거든 상제들은 마땅히 상을 치르는 자리에서 나와서 조문객을 향해 두 번 절하고 곡하는 것이 옳다.〔(이때) 조문객도 답배를 해야 한다.〕

◈ 今人, 多不解禮, 每弔客致慰專不起動, 只俯伏而已, 此非禮也, 弔客, 拜靈座而出, 則喪者, 當出自喪次, 向弔客再拜而哭, 可也.〔弔客將答拜.〕

상복을 입고 있어야

상복과 (머리나 허리에) 묶는 끈◆¹⁰은 질병에 걸리거나 일할 때가 아니면 벗을 수 없다.

◈ 衰絰, 非疾病服役, 則不可脫也.

억지로 예를 따르려 한다면

『가례』에 보면, 부모의 상을 당하면 성복(成服)◆¹¹하는 날에 처

◆⁹ 입관하고 나서 관에 보자기를 덮은 다음 관을 제자리로 옮겨 병풍으로 가린 곳으로 혼백을 모신 자리라는 의미다.

◆¹⁰ 원문 "최질(衰絰)"을 번역한 것인데, '최'는 상복을 말하고 '질'은 상을 당한 사람이 머리나 허리에 묶는 끈 혹은 띠를 말하며 통상 짚과 삼을 함께 꼬아 만든다.

◆¹¹ 사람이 죽고 나서 나흘째 되는 날 죽은 이와의 관계에 따라 상복을 입는 의식을

음으로 죽을 먹고, 졸곡(卒哭)[12]을 하고 나서야 비로소 밥[거칠게 찧은 쌀로 지은 밥이다.]을 먹고 물을 마시고[13][국은 먹지 않는다.] 채소와 과일은 먹지 못한다고 했다. 소상(小祥)[14]이 지나고 나서야 처음으로 채소와 과일을 먹는다고 했다.[국도 먹어도 된다.] 예법의 문장이 이와 같으니 (상제가) 병이 있지 않는 한 마땅히 이 예법의 문장대로 따라야 할 것이다. 사람들 가운데는 간혹 예에 지나쳐서 삼년 동안 죽만 마신 자도 있다. 이처럼 정성과 효성이 남보다 뛰어나[15] 터럭만큼도 억지로 힘쓰는 뜻이 없는 사람이라고 하면, 비록 예에 지나치더라도 오히려 괜찮을 수 있을 것이다. 만일 정성과 효성이 지극하지 못하고 억지로 힘써서 예에 따르려고 한다면 이것은 스스로를 속이는 것이고, 자기 부모를 속이는 일이 되는 것이니 확실하게 삼가야 할 것이다.

◆ 家禮, 父母之喪, 成服之日, 始食粥, 卒哭之日, 始疏食,〔糲飯也.〕水飮,〔不食羹也.〕不食菜果. 小祥之後, 始食菜果.〔羹亦可食.〕禮文如此, 非有疾病, 則當從禮文. 人或有過禮, 而啜粥三年者, 若是誠孝出人, 無一毫勉

말한다. 관계의 친밀도에 따라 3년, 1년, 9개월, 5개월, 3개월 등 기일이 다르다. '상복을 입는 날'로 번역해도 별 무리는 없다.
◆12 부모님이 돌아가시고 나서 장례 치른 후 한 달 만에 우제(虞祭)를 지내는데, 세 번째 우제인 삼우제(三虞祭)를 끝내고 다시 날을 가려 지내는 제사를 이른다.(김학주 설)
◆13 거의 3개월 동안 아무것도 먹지 않고 졸곡하고 나서 물을 겨우 마신다는 의미다.
◆14 상을 당한 지 1년이 된 날 지내는 제사를 말하며 죽은 지 2년 만에 지내는 제사인 대상(大祥)도 있다.
◆15 원문 "출인(出人)"을 번역한 것으로 『율곡전서』의 판본에 의거한 것이다. 수초본에는 "출입(出入)"으로 되어 있는데 따르지 않는다.

強之意, 則雖過禮, 猶或可也, 若誠孝未至, 而勉强蹜禮, 則是自欺而欺親
也, 切宜戒之.

신주를 집에 모시는 법

　요즘 예법을 아는 집에서는 대부분 장사 지낸 뒤에 바로 반혼(返
魂)[16]을 하는데, 이는 진실로 정당한 예법이기는 하다. 단지 이 시
대의 사람들은 모두 (이것만을) 덩달아 본받아[17] 마침내 (상제가

[16] 묘소에서 장례를 지내고 나서 신주를 집으로 모셔 오는 것을 말한다.

[17] 원문의 "효빈(效顰)"이란 단어를 번역한 것으로 원래의 의미는 "찡그리는 것을 본받는
다."라는 뜻이다. 서시효빈(西施效顰)의 준말인데, 『장자』 「천운(天運)」 편에 나온다. 공
자가 서쪽 위(衛)나라로 유세를 떠나자, 제자 안연(顏淵)은 노나라의 악사 사금(師金)과
공자의 여행에 관해 이런저런 이야기를 하게 되었다. 사금은 공자가 위험에 빠질 것이라
며 그 이유를 몇 가지 비유를 들어 설명했다. "삼황오제의 예의나 법도는 서로 같으므
로 귀중한 게 아니고 그것에 의해 세상이 다스려지기 때문에 귀중하지. 그러므로 삼황
오제의 예의나 법도를 비유하면 바로 풀명자나무나 배나무, 귤나무, 유자나무 열매 같
은 것으로 그 맛은 서로 다르지만 모두 입에 달다네. 그러니까 예의나 법도란 때에 따라
변하는 거야. 지금 가령 원숭이를 잡다가 주공의 옷을 입혔다고 한다면 원숭이는 반드
시 그것을 물어뜯고 찢어발겨서 깡그리 없애 버린 뒤에야 만족할 걸세. 옛날과 지금의
차이를 생각해 보면 바로 원숭이와 주공이 다른 것과 같네. 또 이런 이야기가 있지. 미
인 서시가 가슴을 앓아 눈살을 찌푸리고 있었더니, 그 마을의 추녀가 그녀를 보고 아름
답다 여기고 집으로 돌아오자 자기도 가슴에 손을 얹고 눈살을 찌푸렸다네. 그 꼴이 너
무 흉측하여 마을 부자들은 그녀를 보고는 문을 굳게 잠근 채 밖에 나가지 않게 되고,
가난한 사람들은 그녀를 보고는 처자를 이끌고 마을에서 달아나 버렸다네. 그 추녀는
서시가 눈살을 찌푸린 모양이 아름답다는 것은 알았으나, 눈살을 찌푸리면 어째서 아
름다워지는가 하는 까닭은 알지 못했다네. 겉만 흉내 냈을 뿐이니 자네 선생도 마찬가
지야. 그러니 애석하지만 자네 선생도 곤경에 빠질 걸세." 장자는 이 글에서 공자를 중

무덤을 지키는) 여묘(廬墓)의 풍속을 없애 버리고, 반혼한 다음에는 저마다 자기 집으로 돌아가서 처자와 한 방에서 거처하고 있으니 이것은 예법이 크게 무너진 것으로 매우 한심스러운 일이다. 대체로 부모의 초상을 당한 자는 스스로 헤아려 보아 하나하나 예법에 의거하여 터럭만큼도 어그러진 것이 없으면 마땅히 예법에 의거해 반혼하는 것도 좋다. 만일 간혹 그렇게 하지 못할 때는 마땅히 옛 풍속에 의해 여묘하는 것이 옳은 것이다.

◈ 今之識禮之家, 多於葬後返魂, 此固正禮, 但時人效嚬, 遂廢廬墓之俗, 返魂之後, 各還其家, 與妻子同處, 禮坊大壤, 甚可寒心. 凡喪親者, 自度一一從禮, 無毫分虧欠, 則當依禮返魂, 如或未然, 則當依舊俗廬墓, 可也.

곡하는 숫자는 정해져 있지 않다

　부모의 초상에서 성복하기 전에는 곡하고 우는 것을 입에서 끊이지 않게 해야 한다.〔기운이 다하면 사내종과 계집종들로 하여금 곡을 대신하게 하기도 한다.〕(성복하는 것이 지나고) 장사 치르기까지는 곡하는 것은 정해진 것이 없고 슬픈 생각이 들면 곡을 하며 곡을 다 한 뒤에는 아침저녁으로 두 번만 곡을 할 뿐이다. 예법의

심으로 하는 유가의 옛 법에 구애되어 시대 변화를 모르는 체하려는 태도를 배척하고, 자신에게 집착하지 않고 상대방의 변화에 순응하는 곳에 삶의 길이 있음을 강조하였다. 서시는 춘추 시대 월나라의 미인이었는데, 월왕 구천이 오나라와 싸워 졌을 때 화친을 구하기 위해 신하인 범려가 그녀를 오왕 부차에게 바쳤다고 한다.

글에는 대체로 이와 같지만 만일 효자로서 정이 지극한 사람이라면야 곡하고 우는 것이 정해진 숫자가 있을 수 있겠는가? 대체로 상례란 슬퍼하는 것이 부족하고 예법에만 남는 것이 있다기보다는 차라리 예법에는 부족하더라도 많이 슬퍼하는 것이 더 나은 것이다.[18] 초상 치르는 일이란 그 슬픔과 공경을 다하는 데 지나지 않을 뿐이다.

◆ 親喪成服之前, 哭泣不絶於口, 〔氣盡則令婢僕代哭.〕葬前, 哭無定時, 哀至則哭, 卒哭後, 則朝夕哭二時而已. 禮文大槩如此, 若孝子, 情至則哭泣, 豈有定數哉, 凡喪, 與其哀不足, 而禮有餘也, 不若禮不足, 而哀有餘也, 喪事, 不過盡其哀敬而已.

◆18 이 부분은 『논어』 「팔일」 편에서 임방(林放)이란 사람이 예의 근본에 대해 공자에게 물었을 때 공자의 답변에서 나온 것이다. 그 대화를 소개하면 이렇다. "공자께서 말씀하셨다. '대단하구나, 질문이. 예는 사치스럽다기보다는 차라리 검소한 것이 낫고, 상례는 일사천리로 하는 것보다는 차라리 슬퍼하는 것이 낫다.'(子曰 "大哉問, 禮, 與其奢也, 寧儉. 喪, 與其易也, 寧戚.")" 여기서 '이(易)'에 대한 해석은 검토해 볼 여지가 있다. 필자는 제사의 형식이나 절차가 손에 익어 잘 처리한다는 뜻으로 새겼다. 말하자면 상례를 막힘 없이 처리한다는 의미다. 역대로 이 글자를 둘러싼 논쟁이 많았다. 정현은 '이(易)'를 '간(簡)'으로 보고 '간소하다'라고 해석했다. 한위(漢魏) 시대의 주석가 포함(包咸)은 '온화하고 평온함'이라고 해석하여 온화하고 평온하게 상을 치르는 것으로 보았는데 근거가 부족해 보인다. 한편 유보남은 이 글자를 '느슨하다' '나태하다'는 의미의 '이(弛)'로 보았는데 상을 치르는 동안 사람이 점차 느슨해지는 것을 경계한 것이다. 그 외에 주희는 '다스리다'는 의미의 '치(治)'로 풀이했다. 필자는 맨 마지막의 "척(戚)" 자는, '오직 슬퍼한다'는 의미가 강하고 형식이나 절차는 부족하다는 의미로 풀이했다.

어버이의 상에는 마음을 다해야

증자(曾子)◆19는 말했다.

"사람은 스스로 (마음을) 다한 적이 없더라도, 반드시 어버이의 상에서는 (마음을) 다할 것이다.(人未有自致者也, 必也親喪乎.)"◆20

장사 지내는 일은 부모를 섬기는 큰 예절◆21이니, 여기에 자기의 정성을 다하지 않는다면 그 정성을 어디에 쓰겠는가?

옛날 소련(小連)과 대련(大連)◆22은 상중에 있을 때 잘해서 사흘 동안 애통해하기를 게을리하지 않고◆23 석 달 동안 소홀히 하지

◆19 증자는 공문의 재전제자들이 증삼(曾參)을 높인 것이다. 증삼의 자는 자여(子輿)로서 효성이 지극하여 널리 이름이 알려졌다. 공자가 세상을 떠난 후 유약을 공자 대신 추대하여 제자들의 참배를 받도록 하였는데, 그는 따르지 않았다고 한다. 공문십철(孔門十哲)에는 증자가 없지만, 송유(宋儒)가 도통을 세울 때 그를 극히 높이 받들었고, 명 대에는 증자를 "복성(復聖)"으로 봉하여 유약보다도 앞에 두었으며 그 위상은 안회를 능가할 정도였다.

◆20 이 구절은 증자의 말이 아니고 증자가 스승 공자에게 들은 말을 인용한 것이다. 『논어』「자장」 편에 이렇게 나온다. "증자가 말했다. '내가 선생님께 들으니 '사람은 스스로 (마음을) 다한 적이 없더라도, 반드시 어버이의 상에서는 (마음을) 다할 것이다.'라고 하셨다.'(曾子曰 "吾聞諸夫子, '人未有自致者也, 必也親喪乎.'")"

◆21 예절은 더불어 사는 인간 사회에서는 반드시 필요한 것이지만, 그러나 너무 지나치면 오히려 경직된 분위기로 흐르기 쉽고 또한 자칫하면 예설의 근본정신을 망각하고 형식적인 것만 좇는 경향도 낳는다. 공자의 제자 유자(有子)는 "예의 쓰임은 조화를 귀하게 여긴다.(禮之用, 和爲貴.)"라고 했으며 공자는 "예절이란 사치스럽기보다는 차라리 검소하라.(禮與其奢也, 寧儉也.)"라고 했으니 말이다.

◆22 소련과 대련 둘 다 사람 이름인데 공자가 처음으로 거명한 사람들로 동쪽 오랑캐 사람이라고 알려져 있으나 이 역시 자세하기 않다.

◆23 원문의 "삼일불태(三日不怠)"를 번역한 것으로 『예기』에 나오는 구절이다. 공영달에 따르

않았으며,[24] 일 년 동안 슬픔을 기약하고 삼 년 동안 근심을 기약했으니 이것이야말로 상중에서의 법도이다. 효도와 정성이 지극한 자는 힘쓰지 않아도 잘하지만, 만일 미치지 못하는 자가 있으면 힘써서 (장례 원칙에) 따라하는 것이 옳다.

◈ 曾子曰, 人未有自致者也, 必也親喪乎. 送死者, 事親之大節也. 於此不用其誠, 惡乎用其誠. 昔者, 小連大連, 善居喪, 三日不怠, 三月不解, 期悲哀, 三年憂, 此是居喪之則也. 誠孝之至者, 則不勉而能矣, 如有不及者, 則勉而及之, 可也.

지나치게 슬퍼하다 병나는 것도 불효다

사람이 상중에 있을 때 정성과 효성이 지극하지 못하면 예법을 따르지 못한다는 것은 진실로 말할 것도 없다. (그러나) 간혹 자질이 좋으면서도 배우지 못한 자는 한갓 예법에 얽매여 따르는 것이 효도가 되는 줄 알고, (자기) 생명을 손상하는 것이 올바르지 못한 것임은 알지 못한 채 지나치게 슬퍼하다가 질병이 생겼는데도 차

면 "부모님이 돌아가시고 난 뒤 사흘 동안은 예법을 지키는 것을 게을리하지 않는 것"을 의미하며 구체적인 행위로는 물도 마시지 않는 것이다.
◆24 원문의 "삼월불해(三月不解)"를 번역한 것으로 『예기』에 나오는 구절이다. 공영달은 이 의미에 대해 장례를 지내기 이전에는 아침에도 영전에 음식을 올리고 저녁에도 음식을 올리는 데 있어 "슬픔이 생기는 대로 곡을 하는 것"이라고 보았다.

마 권도(權道)◆25에 따르지 못하여, 결국 목숨을 잃는 자가 있기도 하니 매우 애석한 일이다. 이 때문에 슬퍼하다가 파리하여 목숨을 상하는 것을 군자(君子)◆26들은 불효라고 했던 것이다.

◈ 人之居喪, 誠孝不至, 不能從禮者, 固不足道矣, 間有質美, 而未學者, 徒知執禮之爲孝, 而不知傷生之失正, 過於哀毀, 羸疾已作, 而不認從權, 以至滅性者, 或有之, 深可惜也, 是故, 毀瘠傷生, 君子謂之不孝.

특별한 경우의 상례

무릇 상복을 입을 친척의 초상이 생겼는데 만일 다른 곳에서 부고 소식을 들었으면 위패◆27를 설치하고 나서 곡한다. 만일 분상(奔喪)◆28을 하게 되면 집에 도착하여 상복을 입고, 만일 분상을 하지 않을 때는 나흘 만에 상복을 입는다. 만일 자최(齊衰, 일년상)◆29를

◆25 병이 생기면 육식(肉食)을 하며 건강을 보전하는 것을 뜻한다.
◆26 군자(君子)에서 '군(君)'은 통치자를 뜻하고 '자(子)'는 아들을 뜻한다. 따라서 군자는 통치자의 아들이라는 뜻이다. 이러한 뜻의 군자가 혈연관계에 의해 통치 집단과 관련된 모든 사람을 포함하는 개념으로 넓혀지면서 귀족과 같은 뜻을 지닌 말로 쓰이게 되었다. 특히 공자 이래로 군자라는 말은 사회적 위치와 관련 없이 도덕적 품성이 높아 존경받는 사람을 가리킨다. 소인은 이와 반대다.
◆27 신위라고 번역하기도 한다.
◆28 먼 곳에 있다가 어버이의 부음을 듣고 집으로 황급히 돌아가는 것을 뜻하는데 여기서는 친척의 상에도 달려가는 것을 의미한다.
◆29 자최는 상복의 종류로서 죽은 이와의 친소 관계에 따라 입는 다섯 종류의 상복(五服) 순서, 즉 참최(斬衰), 자최(齊衰), 대공(大功), 소공(小功), 시마(緦麻)의 두 번째 단계의 상

입어야 할 사람의 초상을 당했을 때는 상복을 입기 전 사흘 동안은 아침저녁으로 위패를 만들어 모여서 곡을 한다.〔자최복이 대공복(大功服)[30]으로 낮추어진 때도 마찬가지다.〕

* 凡有服親戚之喪, 若他處聞訃, 則設位而哭, 若奔喪, 則至家卽成服, 若不奔喪, 則四日成服, 若齊衰之服, 則未成服前三日中, 朝夕爲位會哭.〔齊衰降大功者, 亦同.〕

심상의 경우

　스승이나 친구 중에 의리가 무거운 자라든지 친척 가운데 복(服)은 없어도 정의(情意)가 두터운 자라든지 무릇 서로 아는 정분이 긴밀한 자는 모두 초상이 있을 것을 듣고 갈 길이 멀어 그 초상에 다다를 수 없을 때는 위패를 설치하고 곡한다. 스승에게는 그 정의와 의리가 깊고 얕은 것에 따라 삼 년 동안 심상(心喪)[31]을 하거나 일 년 혹은 아홉 달 혹은 다섯 달 혹은 석 달 동안 복을 입는다. 친구에게는 아무리 정의가 무거운 사이라 할지라도 석 달을 지

복이다. 죽은 이와의 관계가 친밀할수록 거친 삼베로 만든 옷을 입는다.
◆30 오복(五服)의 하나로서 굵은 삼베로 상복을 만들어 입는데, 사촌형제자매와 남편의 조부모, 질부 등 겨레붙이의 상사에 아홉 달 동안 입는 상복이다.
◆31 마음속으로 상을 치르는 것으로 스승이 돌아가셨을 때 어버이처럼 삼년상을 지키는 것을 의미한다. 물론 상복은 입지 않고 심정적으로 치르는 상례다. 『예기』「단궁(檀弓)」상편에 나오며 이 구절에 대한 의미 역시 정현(鄭玄)의 해설에 의거하였다.

나지 않는다. 스승의 초상에 삼 년이나 일 년 동안 복을 입을 처지
에 초상집에 가지 못할 때는 아침저녁으로 위패를 설치하고 곡하
다가 나흘 만에 그치는 것이 마땅하다.〔나흘이 되던 날 아침에 그
친다. 만일 정의가 두터운 자라면 이 기한에 그만두지는 않는다.〕

◈ 師友之義重者, 及親戚之無服, 而情厚者, 與凡相知之分密者, 皆於聞喪
之日, 若道遠, 不能往臨其喪, 則設位而哭. 師則隨其情義深淺, 或心喪三
年, 或期年, 或九月, 或五月, 或三月. 友則雖最重, 不過三月. 若師喪, 欲行
三年, 期年者, 不能奔喪, 則當朝夕設位而哭, 四日而止.〔止於四日之朝. 若
情重者, 則不止此限.〕

신위는 초하루에

무릇 상복을 입은 자는 매달 초하룻날에 위패를 설치하고 그
(입어야 할) 상복을 입고서 모여서 곡을 한다.〔스승이나 친구에게
는 복이 없어도 역시 이와 같이 한다.〕 (상복 입는) 달수가 차면 그
달 초하룻날 신위를 설치하고 모여서 곡을 하고 나서 (입어야 할)
상복을 벗는다. 그사이에도 슬픔이 지극하면 곡하는 것이 괜찮다.

◈ 凡遭服者, 每月朔日設位, 服其服而會哭,〔師友雖無服, 亦同.〕月數旣
滿, 則於次月朔日設位, 服其服會哭, 而除之. 其間哀至則哭, 可也.

대공 이상의 복을 입을 초상

무릇 대공 이상의 상을 상하면 장사를 지내기 전에는 까닭 없이 드나들지 못하며, 또한 다른 사람을 조문하지도 못한다. 항상 상 례를 치르는 데는 예에 맞도록 할 것만을 일거리로 삼는다.

◈ 凡大功以上,則未葬前, 非有故, 不可出入, 亦不可弔人. 常以治喪講禮 爲事.

해설

상제, 곧 상례 제도는 대단히 복잡하고 다양해 자칫 잘못하면 예에 어긋날 수도 있는데 그렇다고 절차를 강조하다 보면 오히려 상례의 의미를 저해할 수 있다. 따라서 율곡은 『주자가례』에 따를 것을 말하고 있으며 잘 모르거나 의심이 나면 잘 알고 있는 어른이나 주변 사람에게 물어보라고 하였다. 상제의 내용은 관혼상제의 사례에 관한 예제로서 『주자가례』는 궁정뿐 아니라 사대부에서 일반 서민들에 이르기까지 보편적으로 보급되어 왔으나, 당시 우리나라의 현실에 맞지 않는 측면도 있어 조선의 낙후성과 연관될 만큼 문제가 있었다.

공자의 말을 빌리면, "공자께서는 상을 당한 사람 곁에서 식사를 하실 때는 배부르게 드신 적이 없다. 공자께서는 이날 곡을 하시면 노래를 부르지 않으셨다.(子食於有喪者之側, 未嘗飽也. 子於是日哭, 則不歌.)"(『논어』「술이」)라고 하여 상례는 근본적으로 슬픔을 공유하는 것으로 보았으며 큰 틀에서 율곡의 견해도 비슷하다.

그러나 분명한 점은 율곡이 유학자로서 기본적으로는 가례에 따를 것을 권하고 있다는 것이다. 당시의 현실과 좀 덜 맞는 측면이 있다고 하더라도 조선 시대 사대부들을 비롯한 일반 사람들로 하여금 구체적이고 올바른 제도를 알게 하고자 했다. 예를 들어 초혼이라든지 염을 하는 방법, 어머니가 상을 당했을 때 상주가 아들이 아닌 아버지가 되라는 것 등을 말하고 있다. 임종, 즉 부모가 돌아가시고 빈소를 차리기 전의 절차도 있고 소렴 뒤의 절차나 임종에서 대렴까지의 절차도 구체적으로 언급하고 있다. 특히 주목할 점은 부모가 돌아가시고 일정 기간이 지나면 죽을 먹는 상제의 건강을 위한 배려도 빼놓지 않고 있다는 점이다. 효자는 부모의 상에 식음을 전폐하다 건강까지 손상시키면 안 된다는 당부는 인간적인 배려로 볼 수 있는 부분이다.

율곡은 부모의 상으로부터 가까운 분이 돌아가셨을 때의 몸가짐과 마음가짐을 소상하게 다루고 있는데 기본 원칙은 온 정성을 다하라는 것이다. 이 장의 내용은 구체적이고 상세하므로 그 당시 기본적인 상제에 대해 이해하는 데 전혀 무리가 없을 것이다.

7장

제사 의례
祭禮章 第七

상례를 설명한 앞의 장에 이어 제사의 절차를 밝히고 있다. 제사는 공경스러우면서도 정성스럽게 지내야 하며, 너무 번잡하고 화려하게 하지 말고 집안의 경제 사정에 따라 할 것을 강조하면서 마땅히 예법에 따라야 함을 말하고 있다.

제사의 원칙

제사는 마땅히 『가례(家禮)』에 따라 반드시 사당(祠堂)[1]을 세워 조상의 신주를 모시고, 제전(祭田)[2]을 설치하고 제기를 마련하고 나서 종자(宗子)[3]가 주관해서 지내야 한다.

◆ 祭祀, 當依家禮, 必立祠堂, 以奉先主, 置祭田, 具祭器, 宗子主之.

사당 제사를 주관하는 자

사당을 받드는 주인은 날마다 새벽이 되면 대문 안에 들어가 뵙고 두 번 절한다.〔비록 주인이 아니라도 주인을 따라서 함께 뵙는 것도 괜찮다.〕 드나들 때에는 반드시 고한다.[4]

◆1 사당은 담을 쌓아 가리고 대문도 둔다. 동편에 세 칸으로 세우는 것이 원칙이었으며 집을 지을 때 반드시 짓도록 규정되었다. 사당 안에는 네 세대의 조상을 봉안하였으며 북단에 남향으로 하고 서편을 제1감(龕)인 고조, 제2감인 증조(曾祖), 제3감인 조고(祖考)로 하고 동편에 제4감인 고비(考妣) 등의 순서로 하였다.

◆2 조상의 제사를 모시는 비용을 마련하기 위해 경작하도록 한 밭으로서 제주인 종자가 관리하는 것이다.

◆3 종가의 맏아들로서 맏자손이라고도 하며 더러는 종손의 대가 끊어지는 것을 방지하기 위해 입양을 하기도 하였다.

◆4 가까운 곳에 나갈 때는 대문에 들어와 문안 인사를 하고 돌아와서도 한다. 밖에 나가서 자고 돌아올 경우에는 분향과 재배를 하고, 멀리 나가 열흘 이상 지낼 경우에도 똑같은 방식으로 하는데, 이 경우 "아무개는 아무 장소로 가려고 하니 감히 고합니다."라고 한

◈ 主祠堂者, 每晨, 謁于大門之內再拜, 〔雖非主人, 隨主人同謁, 無妨〕出入必告.

사당이 먼저다

수재나 화재를 만났거나 도적이 들었을 때에는 맨 먼저 사당부터 구하여, 신주와 남겨 주신 책들을 옮겨 놓은 다음에 제기를 옮기고, 그러고 나서 집안 재물을 옮겨야 한다.[5]

◈ 或有水火盜賊, 則先救祠堂, 遷神主遺書, 次及祭器, 然後及家財.

제때 맞는 음식

정(正)〔정월 초하룻날〕, 지(至)〔동짓날〕, 삭(朔)〔초하루〕와 망(望)〔보름〕이면 참례(參禮)를 하고, 속절(俗節)[6]에는 제때에 맞는 음식을 올려야 한다.[7]

◈ 正〔正朝〕至〔冬至〕朔〔一日〕望〔十五日〕, 則參, 俗節, 則薦以時食.

다.(함현찬,『격몽요결』(전통문화연구회, 2007), 193쪽)
◈ 5 이 문장은『가례』「통례 일(通禮一)」에 나오는 문장이다.
◈ 6 단오·추석·중양절 등 제삿날 이외에 철 바뀔 때 제사 지내는 날을 말한다.
◈ 7 이 문장도『가례』「통례 일」에 나오는 문장이다.

제사에 앞서 요구되는 원칙들

(신과의 교감을 위해) 시제(時祭)[8]에는 산재(散齋)[9]를 나흘 동안, 치재(致齋)[10]에는 사흘 동안 한다. 기제(忌祭)[11]에는 산재를 이틀, 치재를 하루 한다. 참례에는 재숙(齋宿)을 하루 한다.

이른바 산재라는 것은 상사에 조문하러 가지 않고 질병에 문병을 가지 않고 훈채(葷菜, 파·마늘 등의 냄새 나는 음식)를 먹지 않으며, 술을 마시더라도 흠뻑 취할 지경까지 마시지는 말고, 대체로 흉하거나 더러운 일에는 모두 참여하지 않는다.〔만일 길을 가다가 흉하거나 더러운 것을 마주치더라도 눈을 가리고 피해야지 보아서는 안 된다.〕이른바 치재라는 것은 음악을 듣지 않고 드나들지 않으며, 온 마음을 다해 생각하여 제사를 받을 분만 생각하고 그 (생전에) 거처하시던 곳을 생각하고, 그 (생전에) 웃고 말씀하시던 일을 생각하며, 그 (생전에) 즐거워하던 것을 생각하고, 그 (생전에) 즐

◆8 『가례』에 따르면 사시제(四時祭)이다. 해마다 음력 2월·5월·8월·11월에 사당에 지내는 제사로서 시제는 사시의 중월(仲月)에 거행하는 것으로 정일(丁日)이나 해일(亥日)에 지낸다.(함현찬, 앞의 책, 196쪽)

◆9 제관(祭官)이 치제하기 이전에 몸가짐을 삼가는 것으로 본문에 설명이 되어 있다. 본문의 글은 『예기』「제의(祭儀)」편에 나오는 내용을 요약하여 쓴 것이며 삼가야 할 다섯 가지의 행동 역시 「제의」편에 나온다.

◆10 제례의 일종으로 『예기』「제의」편에 의하면 "치재는 안에서 하고, 산재는 밖에서 한다."라고 하였는데 산재는 7일간이고 치재는 3일간 한다는 보충 설명이 딸려 있다. 물론 이 부분 역시 『예기』에 근거하여 쓴 것이다.

◆11 친족이 돌아가신 날 모시는 제사를 말하며 이날은 다른 일을 피하는 것이 원칙이다. 그래서 휘일(諱日)이라고도 한다. 여기서 친족은 4대까지다.

기시던 것을 생각하는 것을 일컫는다. 이렇게 하고 나서야 제사를 드릴 때에 마치 그 얼굴이 보이는 듯하고, 그 음성이 들리는 듯하니 정성이 지극하여 신령이 흠향하는 것이다.

◈ 時祭, 則散齊四日, 致齊三日. 忌祭, 則散齊二日, 致齊一日. 參禮, 則齊宿一日. 所謂散齊者, 不弔喪, 不問疾, 不茹葷, 飲酒不得之亂, 凡凶穢之事, 皆不得豫.〔若路中猝遇凶穢, 則掩目而避, 不可視也.〕所謂致齊者, 不聽樂, 不出入, 專心想念所祭之人, 思其居處, 思其笑語, 思其所樂, 思其所嗜之謂也. 夫然後當祭之時, 如見其形, 如聞其聲, 誠至而神享也.

6

제사란 형편에 따라야

무릇 제사는 사랑하고 공경하는 정성을 다하면 될 뿐이니, 가난하면 집안 재물의 있고 없음에 걸맞게 하고, 병이 들었으면 근력(筋力, 기력)을 헤아려서 (제사를) 행하며, 재력이 미치는 자는 스스로 예법대로 하는 것이 마땅하다.◆12

◈ 凡祭, 主於盡愛敬之誠而已. 貧則稱家之有無, 疾則量筋力而行之. 財力可及者, 自當如義.

◆12 이 문장 역시 『가례』 「제례」의 '사시제(四時祭)'에 있다.

묘제와 기제

　묘제(墓祭)[13]와 기제(忌祭)를 세속에서는 (자손들이) 돌아가며 지내고 있으니, 이는 예법이 아니다. 묘제는 비록 돌아가며 지내더라도 모두 묘소에서 제사 지내는 것이 그나마 옳으나, 기제는 신주에는 제사 지내지 않고 지방(紙榜, 종잇조각에 지방문을 써 놓은 신주)을 붙이고 제사 지내니 이것은 대단히 미안한 일이다. 비록 돌아가며 제사 지내더라도 반드시 제사 음식을 갖추어 가묘(家廟)에서 지내는 것이 그런대로 옳을 것이다.

　◈　墓祭忌祭, 世俗輪行, 非禮也. 墓祭, 則雖輪行, 皆祭于墓上, 猶之可也, 忌祭, 不祭于神主, 而祭于紙榜, 此甚未安, 雖不免輪行, 須具祭饌, 行于家廟, 庶乎可矣.

제사는 꼭 지내야

　상례(喪禮)와 제례(祭禮) 두 예는 사람의 자식으로서 가장 정성을 바쳐야 할 부분이다. 이미 돌아가신 어버이는 뒤좇아 봉양할 수가 없으매 만일 그 예를 다하지 않고 그 정성을 다하지 않는다면, 평

◈13 매년 봄과 가을에 묘소에서 지내는 제사로서 삼짇날, 청명절, 한식, 단오절, 중양절이 해당된다.

생 동안의 애통함을 붙일 곳이 없고 쏟을 만한 때가 없을 것이니, 사람의 자식으로서 감정이 어떠하겠는가. 증자(曾子)가 말하기를 "죽은 자를 신중히 모시고 먼 조상까지 추모하면[14] 백성의 덕이 두터워지는 데로 돌아갈 것이다."라고 하였으니, 이는 사람의 자식 된 자로서 마땅히 깊이 생각할 바이다.

◆ 喪祭二禮, 最是人子致誠處也. 已沒之親, 不可追養, 若非喪盡其禮, 祭盡其誠, 則終天之痛, 無事可寓, 無時可洩也. 於人子之情, 當何如哉. 曾子曰愼終追遠, 民德歸厚矣. 爲人子者, 所當深念也.

9
예법에 맞아야

오늘날 세속에서 대부분 예를 알지 못하여 제사 지내는 의식이 집집마다 같지 않으니 매우 우스울 만하다. 만일 한결같은 예법으로써 재단하지 않으면 끝내 문란하고 차례가 없어지게 되고 오랑캐의 풍습으로 돌아가는 것을 피하지 못할 것이다. 이에 제례(祭禮)를 뽑아 뒤에 덧붙여서 기록해 두고 또 그림[15]으로 그려 두었으니, 자세히 살펴 이대로 따라 행하도록 하며, 만일 부형이 (이대로)

◆14 『논어』 「학이」 편에 나오는 말로 증자의 말이다. 여기서 "신종(愼終)"이란 죽은 자를 신중하게 예우하는 것으로 입관하고 매장하는 일을 정성스러운 예로 장사 지내는 것이니, 추모의 마음을 다하는 것이다. 이 말은 유보남(劉寶楠)의 『논어정의(論語正義)』에서 「단궁(檀弓)」 편에 나오는 증자의 말을 인용한 것이다.
◆15 이 책에는 그림을 싣지 않았으나 『율곡전서』에서 확인할 수 있다.

따라 하고자 하지 않으면 간곡히 설명하여 반드시 올바른 데로 돌아가도록 기약해야 할 것이다.

◆ 今俗, 多不識禮, 其行祭之儀, 家家不同, 甚可笑也. 若不一裁之以禮, 則終不免紊亂無序, 歸於夷虜之風矣. 玆抄祭禮, 附錄于後, 且爲之圖, 須祥審倣行, 而若父兄不欲, 則當委曲陳達, 期於歸正.

해설

　유교 사회에서 관혼상제는 사회질서를 유지하는 중요한 수단이고 이런 예가 무너지면 사회의 기강이 무너지는 중대한 문제라는 인식이 자리 잡고 있다. 이 장은 기본적으로 증자의 제례관에 근거를 두고 있으며, 이는 제사라는 의식을 잘해야 백성의 덕도 후하게 된다는 것을 의미한다 하겠다.

　제례의 원칙에 대해 주자의 『가례』에 따를 것을 기본적으로 제시하고 있다. 물론 이는 성리학을 정교로 삼은 조선 시대의 시책이기도 하여 이는 사대부 등 양반으로부터 서민에 이르기까지 예외 없이 적용되었다. 제사는 자신을 낳아 준 조상에 대해 공경을 실천하는 방식이요, 생명의 뿌리를 재음미하는 효도의 연장이기 때문이다. 계절마다 지내는 시제가 중요했지만 조상에게 지내는 제사도 중시되었다. 이 둘 다 필요불가결한 것이어서 구체적으로 산재, 치재 등의 용어를 통해 심신을 가지런히 할 것을 요구하고 있다. 집 안에서나 집 밖에서나 몸가짐을 정갈히 하여 간사한 것이나 음악이나 술 등을 멀리하고 심지어 파나 마늘 같은 냄새나는 음식도 입에 대지 말라고 했다. 이것은 고인에 대한 기본적인 예의이고 신에 교접하기 위한 예비 단계인 셈이다. 제례는 상례와 마찬가지로 상당히 중요한 예법으로 형식이나 절차상의 측면이 부각되는데 주자가 제시한 『가례』에서의 원칙은 사치보다는 검소요, 공경함과 정성이 가장 중요한 것이라는 점이다.

제사는 예법에 맞게 지내야 하는 것이 옳지만, 지방이나 계층에 따라 달라 그 격식을 통일하는 것이 마땅하지 않고 지금도 상당한 논란이 있는 부분이다. 다만 제사 의례는 그 바탕에 우리 민족의 문화와 얼이 깃들어 있는 소중한 예속(禮俗)의 하나라는 데 의의를 둘 수 있을 것이다.

8장

집 안에서의 생활

居家章 第八

가장으로서 집안을 이끌어 가는 방법과 원칙 등을 두루 다루고 있는 이 장은 관례와 혼례의 문제, 형제지간의 우애, 부부지간 지켜야 할 법도, 자녀 교육법, 비복들을 대하는 법, 남녀유별 문제 등을 다룬다.

무릇 집안에 거처함에 마땅히 예법*을 삼가고 지켜서 아내와 자식, 집안의 모든 사람들을 거느리고, 이들에게 모두 각각 직책을 나누어 주고 할일을 맡겨 주어 그들이 일을 잘할 수 있도록 채찍질한다. 재물의 씀씀이를 절제하고 수입을 따져서 지출하도록 하며, 집안 재산의 있고 없음에 따라 윗사람과 아랫사람의 옷과 음식 및 좋은 일과 궂은일에 비용을 맞추도록 하고 쓸데없이 쓰는 일을 줄이고 모두 절도에 맞추도록 하고, 항상 화려함과 사치스러움을 금하고 늘 모름지기 조금이라도 남겨두었다가 미리 예상하지 못한 일이 생겼을 때 쓰도록 한다.

◈ 凡居家, 當謹守禮法, 以率妻子及家衆, 分之以職, 授之以事, 而責其成功, 制財用之節, 量入以爲出, 稱家之有無, 以及上下之衣食, 及吉凶之費, 皆有品節, 而莫不均一, 裁省冗費, 禁止奢華, 常須秒存贏餘, 以備不虞.

◈ㅣ 공자는 예법과 예의의 존재 이유에 대해 이렇게 말하고 있다. "공자가 말했다. '집안에 거처함에 예의가 있으므로 어른과 아이의 분별이 있고, 규방에는 예의가 있으므로 삼족(부모·형제·자손)이 화목하게 되고, 조정에 예의가 있으므로 벼슬의 순서가 있고, 사냥에 예의가 있으므로 군대 일이 숙련되고, 군대에 예의가 있으므로 무공이 이루어진다.'(子曰: "居家有禮故, 長幼辨, 閨門有禮故, 三族和, 朝廷有禮故, 官爵序, 田獵有禮故, 戎事閑, 軍旅有禮故, 武功成.")"(『명심보감』「준례(遵禮)」) 이 문장에서 볼 수 있듯이 '예'의 문제를 가정에서 사회까지 확장하고 있다.

관례와 혼례

관례[2]와 혼례[3]의 제도는 마땅히 『가례』에 의거하고 구차스럽게 풍속을 따라서는 안 된다.

◈ 冠婚之制, 當依家禮, 不可苟且從俗.

형제는 한 몸

형제는 부모가 남겨 주신 몸을 함께 받아서 나와 더불어 한 몸과 같으니[4] 마땅히 그와 나 사이에 간격이 없게 하여,[5] 음식이나 의복이 있고 없는 것을 마땅히 모두 함께해야 할 것이다. 그러

◆2 관례는 성년이 되는 의식으로 남자는 상투를 틀고 여자는 쪽을 진다.

◆3 혼례는 남녀가 조상의 대를 끊기지 않으려 하나의 가정을 이루는 것을 말하며, 유가의 입장에서 보면, 남녀가 결혼을 통해 자녀를 낳고 양육하는 것은 천지가 만물을 낳는 것처럼 위대하고 신성한 일이다. "만물은 하늘에 근본을 두고 사람은 조상에 근본을 둔다.(萬物本乎天, 人本乎祖.)"(『예기』「교특생(郊特牲)」)라고 하여 조상이라는 뿌리 의식을 강조하였던 것도 이런 맥락에서 나온 것이다. 그러나 우리에게 성군으로 알려진 순임금도 자신의 결혼 사실을 부모에게도 알리지 않았으니 자신의 아버지가 그를 죽이려 한 것에 대한 두려움 때문이었다. 물론 유가의 입장에서 이런 순임금의 행동이 용납될 수 없었을 것이나 맹자는 이에 대해 그런 행동을 취한 것이 후사를 고려한 때문이었다고 하면서 순임금의 손을 들어 주었다.

한편 혼인은 해가 질 무렵에 행하였으며 일부일처가 원칙이었으나, 실제로는 첩을 두기도 했다.

니 가령 형은 굶주리는데 아우는 배가 부르거나, 아우는 추운데 형은 따뜻하다면 이것은 마치 한 몸뚱이 안에 있는 팔다리 중에서 어느 쪽은 병들고 다른 쪽은 튼튼한 것과 같으니, 몸과 마음이 어찌 한쪽만 편안함을 얻을 수 있겠는가? 요즘 사람들이 형제끼리 서로 사랑하지 않는 것은 모두 부모를 사랑하지 않기 때문이다. 만일 부모를 사랑하는 마음이 있다면 어찌 그 부모가 낳은 자식을 사랑하지 않을 수 있겠는가? 형제에게 만일 착하지 못한 행실이 있으면 마땅히 정성껏 충고해서 점차 도리로 일깨워서 감동하여 깨닫도록 해야 한다. 갑자기 노여운 얼굴빛을 한다든지 거슬리는 말을 해서 형제간의 화목함을 잃어서는 안 된다.

◆ 4　유가에서 가정은 국가의 축소판이라는 의미를 지닌다. 그리고 남자는 한 가정을 인솔하는 자로서 강한 이미지의 존귀한 존재라는 의미를 가지고 있다. 맹자가 군자의 세 가지 즐거움 중에서 "부모가 모두 생존하고 형제가 탈이 없는 것이 그 첫 번째 즐거움이다.(父母俱存, 兄弟無故, 一樂也.)"라고 하였으며, 거기에 아내와 여성은 해당되지 않았다. 형제를 수족과 같다고 비유한 문장도 있다. "장자가 말했다. '형제는 손발과 같고 부부는 의복과 같으니 의복이 해어졌을 때는 새것으로 갈아입을 수 있지만 손발이 끊어진 곳은 잇기가 어렵다.'(莊子曰: "兄弟爲手足, 夫婦爲衣服, 衣服破時更得新, 手足斷處難可續.")"(『명심보감』「안의(安義)」) 다만 필자가 고증한 바에 의하면 이 문장은 장자가 한 말이 아니고 『장자』라는 책에도 없다. 잘못 인용된 글이지만, 널리 알려진 글이기도 하다.

◆ 5　부부와 부자, 형제 사이를 말한 내용이 『명심보감』「안의」 편에 있다. "『안씨가훈』에 말했다. '백성이 있고 난 뒤에 부부가 있고, 부부가 있고 난 뒤에 부자가 있고 부자가 있고 난 뒤에 형제가 있다. 한 집안의 친속은 이 세 가지뿐이다. 여기로부터 나아가 구족(九族)에 이르기까지는 모두 이 삼친에 뿌리를 두고 있으므로 인륜에 있어서 중요한 것이니 돈독하게 하지 않으면 안 된다.'(顏氏家訓曰: "夫有人民而後, 有夫婦, 有夫婦而後, 有父子, 有父子而後, 有兄弟, 一家之親, 此三者而已矣. 自玆以往, 至于九族, 皆本於三親焉. 故於人倫爲重也, 不可無篤.")"

◈ 兄弟, 同受父母遺體, 與我如一身, 視之當無彼我之間, 飮食衣服有無, 皆當共之, 設使兄飢而弟飽, 弟寒而兄溫, 則是一身之中, 肢體或病或健也, 身心豈得偏安乎. 今人, 兄弟不相愛者, 皆緣不愛父母故也. 若有愛父母之心, 則豈可不愛父母之子乎. 兄弟, 若有不善之行, 則當積誠忠諫, 漸喩以理, 期於感悟, 不可遽加厲色拂言, 以失其和也.

부부는 늘 화락한 모습을

오늘날의 배우는 자들은 밖으로는 제아무리 자랑스러운 모습을 지녔어도 안으로는 독실한 이가 드물어서 부부지간 지내는 모양을 보면, 이부자리 위에서 너무 지나치게 정욕을 좇아 그들의 위엄 있는 거동을 잃어버리고 만다.◆6 그러므로 부부가 서로 지나치

◆6 『논어』에서 공자가 "나는 덕을 좋아하는 것을 마치 여색을 좋아하는 것처럼 하는 사람을 보지 못했다.(吾未見德好如好色者也.)"라고 말한 구절이 있는데, 공자가 '호덕(好德)'과 '호색(好色)'을 상대적이고 대립적 관계에 있음을 제시한 것인가 하는 문제는 상당한 논란의 여지가 있었다. 그러나 공자는 사람들이 덕을 좋아하는 것은 색을 좋아하는 것처럼 본성에서 나올 수 없음을 감탄한 것이다. 덕행에 대한 열의는 반드시 후천적인 교육과 자아 수양으로부터 나오지만, '호색'은 주로 천성, 즉 본능에서 비롯된다. 사실 유가가 성(性)에 관해 억압한다거나 혹은 남녀의 자유로운 연애 관념 등에 관하여 부정적이라고 오해의 소지가 있는 것이 사실이고 공자의 발언에서 확인되듯 케케묵은 시빗거리였다. 그런데 그 실상은 그렇지 않은 면모가 많다. "식색(食色)은 인간의 가장 큰 욕망"이라는 맹자의 말도 있다. 부연하면 맹자는 한 걸음 더 나아가 호색은 왕과 백성이 함께 누려야 한다고 하면서 '호색'을 성욕과 유사한 개념으로 파악했다. 『맹자』 「양혜왕 하」에는 맹자가 제 선왕(齊宣王)에게 '왕도(王道)'를 실행할 것을 힘주어 말하지만, 제 선왕은 그 말에 난색을 표하며 자기는 '호용(好勇)', '호화(好貨)'하고 특히 '호색(好色)'하여

게 친압하지 않고 서로 공경할 줄 아는 경우가 드물다. 이렇게 한다면 자기 몸을 닦고 집안을 바로잡고자 하려고 해도 어렵지 않겠는가? 반드시 모름지기 남편은 화락한 모습을 가져 올바른 도리로써 절제해야 하고, 아내는 유순한 마음과 올바른 도리로 (남편을) 받들어*⁷ 처리해야 한다. 부부 사이에 예의와 공경하는 마음을 잃

안 된다고 한다. 맹자는 이 세 가지에 대해 하나하나 변론을 제기하는데, 특히 '호색'에 관해서는 다음과 같이 말했다. "옛날 대왕(주 문왕의 할아버지)은 여색을 좋아하여 자기 아내를 사랑했습니다. 『시경』에서는 '고공(古公) 단보(亶甫)가 아침에 말을 달려 서쪽 물가를 지나 기산의 언저리에 이르렀다. 이에 미녀와 함께 와서 궁궐 자리를 보았다.'라고 했습니다. 이때 안으로는 불만을 품고 독수공방하는 여자가 없고, 밖으로는 홀아비가 없었습니다. 왕이 여색을 좋아하여 그것을 백성들과 함께한다면, 왕에게 있어서 무슨 어려움이 있겠습니까?(昔者太王好色, 愛厥妃. 詩云, '古公亶父, 來朝走馬, 率西水滸, 至于岐下, 爰及姜女, 聿來胥宇.' 當是時也, 內無怨女, 外無曠夫. 王如好色, 與百姓同之, 於王何有?)" 이 인용문에서 알 수 있듯이 왕과 백성이 똑같이 누릴 수 있는 권력이 '호색'이라는 것으로, 상당히 진보적인 견해가 아닐 수 없다. 통치자 자신이 욕망을 만족시키려고 생각한다면 백성들로 하여금 만족하도록 해야 하며, 이렇게 할 수 있으면 비록 '호색'하더라도 왕도의 실천에는 장애가 되지 않는다는 말이다. 맹자는 성적 욕구는 식욕과 마찬가지로 지위의 고하를 막론하고 모든 사람들이 만족을 얻어야만 하는 가장 기본적인 욕구로 보았다. 그래서 그는 고자(告子)에게 "식욕과 색욕은 본성이다.(食色, 性也.)"라고 말했던 것이다.

◆7 전형적인 남성 위주의 여성관을 반영하고 있는데, 이는 공자가 『논어』에서 여성을 소인과 같은 부류에 두고서 "오직 여자와 소인은 돌보기 어렵다. 그들은 가까이하면 불손해지고, 멀리하면 원망한다.(唯女子與小人爲難養也, 近之則不孫, 遠之則怨)"(『논어』「양화」)라는 말에서 발전되어 나왔다. 사실상 『대대예기(大戴禮記)』에서는 이렇게 보았다. '여(女)'란 순종하는 것이고, '자(子)'는 번식하는 것이다. 여자란 남자의 가르침을 따라 그 의리(義理)를 신장시키는 것을 말하기 때문에 부인이라고 하는 것이다. 『백호통(白虎通)』에도 '부(婦)'란 복종하는 것으로, 예절로써 굴복하는 것이라고 하여 여자의 지위는 비천하고 종속적인 위치에 있으며 어떠한 독립성도 갖고 있지 않다고 보았다. 그러므로 남성 본위의 예교가 형성됨에 따라 여성에게 유순함과 부덕(婦德)을 요구하게 되었다. 요조숙녀(窈窕淑女)는 여성미의 표준이었던 것이고 이 점에서 율곡도 예외가 아니었다.

지 않은 뒤에라야 집안일을 다스릴 수가 있을 것이다. 만일 종전에 서로 친압하다가 하루아침에 갑자기 서로 공경하려고 해 본들 그 형세가 이루어지기 어려우니, 모름지기 아내와 함께 서로 경계해서 반드시 전에 있던 습관을 버리고 점점 예에 들어가는 것이 옳을 것이다. 아내가 만일 내가 말하고 움직이고 행동하는 것이 한결같이 정당함에서 나오는 것을 보게 되면, 점점 서로 믿게 되고 순종하게 될 것이다.

◈ 今之學者, 外雖矜持, 而內鮮篤實, 夫婦之間, 衽席之上, 多縱情慾, 失其 威儀, 故夫婦不相昵狎, 而能相敬者甚少. 如是, 而欲修身正家, 不亦難乎, 必須夫和, 而制以義, 妻順, 而承以正, 夫婦之間, 不失禮敬, 然後家事可治 也. 若從前相狎, 而一朝遽欲相敬, 其勢難行, 須是與妻相戒, 必去前習, 漸 入於禮, 可也. 妻若見我發言持身, 一出於正, 則必漸相信, 而順從矣.

5

자녀 교육법

　자식을 낳으면 (자식에게) 조금 지식이 생기게 될 때부터 마땅히 선한 길로 인도해 나가야 한다. 만일 어리다고 해서 가르치지 않다가 이미 어른이 되면 그 습관을 마음에서 버리지 못하므로 그른 것을 익히고 방심하게 되어 그에게 (선한 것을) 가르친다는 것이 매우 힘들게 된다.◈8 자식을 가르치는 차례는 마땅히 『소학』에 의

◈8 『명심보감』「훈자(訓子)」편에 자식을 가르치는 문제에 대한 명언들이 있으니 두 가지

거해야 할 것이다. 대체로 한 집안에서 예법을 힘써 행하고 서간문이나 글씨 쓰는 일 이외에는 달리 잡기가 없다면 자제들이 밖으로 달려 나가 엉뚱한 짓을 할까 하는 걱정 또한 없을 것이다. 형제의 자식은 내 자식이나 마찬가지이므로 그를 사랑하는 것이나 그를 가르치는 것을 마땅히 자기 자식과 똑같이 하고, 하나라도 가볍거나 무거움, 두텁거나 얇음이 있어서는 안 된다.

◆ 生子, 自稱有知識時, 當道之而善, 若幼而不敎, 至於旣長, 則習非放心, 敎之甚難, 敎之之序, 當依小學, 大抵一家之內, 禮法興行, 簡編筆墨之外, 無他雜技, 則子第亦無外馳畔學之患矣. 兄弟之子, 猶我子也, 其愛之, 其敎之, 當均一, 不可有輕重厚薄也.

6

비복들을 대하는 법

비복(婢僕, 계집종과 사내종)들은 나의 수고로움을 대신하는 자들이니, (이들에게도) 마땅히 먼저 은혜를 베풀고 난 다음에 위엄을 세워야 그들의 마음을 얻게 될 것이다. 임금이 백성을 대하는 것이나 주인이 비복을 대하는 이치는 같다. 임금이 백성을 불쌍히 여

만 인용하면 이렇다. "『경행록』에 말했다. '손님이 찾아오지 않으면 집안이 저속해지고, 『시경』과 『상서』를 가르치지 않으면 자손이 어리석게 된다.'(景行錄云 "賓客不來, 門戶俗, 詩書無敎, 子孫愚.")" "『한서』에 말했다. '황금이 대나무 상자에 가득 차 있더라도 경서 한 권을 가르치는 것만 못하고, 자식에게 천금을 물려준다 해도 자식에게 재주 하나를 가르치는 것만 못하다.'(漢書云 "黃金滿籝, 不如敎子一經, 賜子千金, 不如敎子一藝.")"

기지 않으면 백성은 흩어질 것이니, 백성이 흩어져 버리면 나라는 망하게 된다. 주인이 사내종을 불쌍히 여기지 않으면 사내종은 흩어지게 되고, 사내종이 흩어져 버리면 그 집은 무너지게 되니, 형세는 반드시 그렇게 이루어진다.

그 비복들에게는 반드시 굶주리고 추운 것을 깊이 염려해 주고 옷과 먹을 것을 주어 제자리에 있을 곳을 얻게 만들어 주어야 한다. 만일 허물과 잘못이 있을 때는 먼저 부지런히 타이르고 가르쳐서 그로 하여금 고치도록 한다. 만일 가르치고 타일러도 고쳐지지 않으면 비로소 종아리를 때려서, 그들 마음속에 주인이 종아리를 때리는 것이 가르치고 타이르기 위함이지, 그들을 미워해서가 아니라는 것을 알도록 해야 한다. 이렇게 해야만 마음을 고치고 얼굴을 바꾸게 할 수 있을 것이다.

◆ 婢僕, 代我之勞, 當先恩而後威, 乃得其心, 君之於民, 主之於僕, 其理一也. 君不恤民, 則民散, 民散則國亡, 主不恤僕, 則僕散, 僕散則家敗, 勢所必至. 其於婢僕, 必須軫念飢寒, 資給衣食, 使得其所, 而有過惡, 則先須勤勤敎誨, 使之改革, 敎之不改, 然後乃施楚撻, 使其心, 知厥主之楚撻, 出於敎誨, 而非所以憎嫉, 然後可使改心革面矣.

7
남녀지간에 분별이 있어야 하는 법

집안을 다스리는 데에도 마땅히 예법으로써 안팎의 일을 분별

하여 비록 비복일지라도 남자와 여자가 섞여 거처하지 못하게 한
다.[9] 사내종은 (주인이) 시키는 일이 없으면 함부로 안으로 들어
가지 못하게 하고 계집종도 모두 마땅히 남편을 정해 주어 음란한
짓을 하지 못하도록 한다. 만일 음란한 짓을 해서 그치지 않으면
마땅히 내쫓아 따로 살게 하여 가풍을 더럽히지 못하게 해야 할
것이다. 비복끼리도 마땅히 서로 화목하게 지내도록 할 것이니, 만
일 서로 싸우고 시끄럽게 하는 자는 마땅히 혹독하게 금지하고 제
재해야 할 것이다.

◆ 治家, 當以禮法, 辨別內外, 雖婢僕, 男女不可混處. 男僕, 非有所使令,
則不可輒入內, 女僕, 皆當使有定夫, 不可使淫亂, 若淫亂不止者, 則當黜
使別居, 母令汚穢家風. 婢僕, 當令和睦, 若有鬪鬨喧噪者, 則當痛加禁制.

8

군자는 도를 걱정할 뿐

군자는 도를 걱정할지언정 가난을 걱정해서는 안 된다. 다만 집
이 가난해서 살아 나갈 방도가 없을 때는 비록 궁핍한 생활을 구
제할 방책을 생각해서 겨우 굶주림과 추운 것을 피하도록 할 뿐이
고, (재물을) 많이 쌓아 두고 풍족하려는 생각을 하지 말아야 한

---

[9] 유가에서 남녀가 일곱 살만 되면 동석을 허용하지 않음으로써 음란함을 막으려
했던 데서 비롯된 것이다. 그리고 『예기』 「방기(坊記)」에 의하면 군자는 색을 멀리하는
것으로써 백성들의 규율로 삼았다. 그래서 "남녀 간에는 주고받는 것을 직접적으로 하
지 않는다.(男女授受不親)"

다. 또 세상에 있는 비루한 일을 가슴속에 넣어 두지 말아야 한다. 옛날 숨어 사는 은자 중에는 짚신을 삼아서 먹고산 사람[10]도 있고, 물고기를 잡고 땔나무를 해서 먹고산 사람[11]도 있고, 지팡이를 심어 놓고 김을 매던 사람[12]도 있다. 이런 사람들은 부귀함이 그 마음을 움직이지 못했다. 그러므로 그들은 능히 편안한 채 지낼 수 있었던 것이다. 이들이 만일 이로움과 해로움을 따지고 잘살고 못사는 것을 비교하는 생각을 가졌더라면 어찌 그 마음을 수양하는 데 해로움이 되지 않았겠는가? 배우는 자들은 모름지기 부유함과 높은 지위를 가볍게 여기고 가난함과 낮은 지위를 지키려는 마음을 먹어야 한다.

◈ 君子憂道, 不當憂貧, 但家貧, 無以資生, 則雖當思救窮之策, 亦只家可

◆10 『맹자』 「등문공 하」 편에 의하면 백이(伯夷)가 "짚신을 삼아서(織履)" 먹고살았다는 내용이 있다.

◆11 원문의 "어초(漁樵)"를 번역한 것인데 이 말은 고기잡이하고 땔나무를 하면서 살아가는 은자를 비유적으로 표현한 것으로 왕유(王維)의 「도원행(桃源行)」이란 시에도 나온다.

◆12 『논어』 「미자」 편에 나오는 구절로서 은자를 비유한다. 내용은 이렇다. "자로가 (공자를) 따르다가 뒤처졌는데 (우연히) 한 노인과 마주쳤다. (그 노인은) 김 매는 도구를 지팡이에 걸어 (어깨에) 메고 있었다. 자로가 물었다. "어르신, (우리) 선생님을 보셨습니까?" 노인이 말했다. "사지를 부지런히 움직이지도 않고, 오곡도 가려내지 못하거늘, 누가 선생이란 말이오?" (그러고는) 지팡이를 심어 놓고 김을 맸다. 자로는 두 손을 맞잡고서 있었다. 그는 자로를 붙잡아 (하룻밤) 자고 가라고 하고는 닭을 잡고 기장밥을 해서 먹였으며, 자신의 두 아들을 만나게 했다. 이튿날 자로는 (공자에게) 가서 (이런 일이 있었음을) 말씀드렸다. 공자께서 말씀하셨다. "은자로구나." (그러고는) 자로로 하여금 돌아가 그를 만나도록 했다. (자로가) 도착했을 때는 (그들이) 떠난 뒤였다."

免飢寒而已, 不可存居積豊足之念, 且不可以世間鄙事, 留滯于心胸之間.
古之隱者, 有織屨而食者, 樵漁而活者, 植杖而耘者, 此等人, 富貴不能動其
心, 故能安於此, 若有較利害計豊約之念, 則豈不爲心術之害哉, 學者, 要
須以輕富貴, 守貧賤爲心.

하지 못할 일과 하고 싶지 않은 바

집에 거처함에 있어 가난하면 반드시 가난에 쪼들려 마땅히 지
켜야 할 바를 잃는 경우가 많으니 배우는 자들은 이런 경우에 힘을
써야 한다. 옛사람이 말하기를, "곤궁할 때에는 그가 하지 못할 일
을 살펴보고 가난할 때에는 그가 취하지 않는 바를 살펴보라."◆13
라고 했다. 공자께서는 "소인은 곤궁해지면 아무 짓이나 한다."◆14
라고 말씀하셨으니 만일 가난하고 군색한 것에 마음을 움직여서
의리를 행하지 못하면 학문을 해서 무엇에 쓸 것인가? 무릇 (재물
을) 사양하거나 받고 취하거나 주는 때에는 반드시 그것이 의로운
지 의롭지 않은지 정밀하게 생각해서 의로우면 취하고 의롭지 않으

◆13 이 문장은 『사기』 「위세가(魏世家)」에서 위나라 문후(文侯)와 이극(李克)의 대화
　　　중에 나오는 구절이다.

◆14 이 문장은 『논어』 「위령공」 편에서 공자의 자로의 대화 가운데 나온 말이다. 해당 대화
　　　록을 소개하면 이렇다. "(공자가) 진나라에 이르러 양식이 떨어지고, 따르는 자들은 병
　　　이 나서 아무도 일어날 수조차 없었다. 자로가 화가 나서 뵙고 여쭈었다. '군자도 곤궁
　　　해질 때가 있습니까?' 공자께서 말씀하셨다. '군자는 곤궁함을 굳게 지키지만, 소인은
　　　곤궁해지면 아무 짓이나 한다.'(在陳絶糧, 從者病, 莫能興. 子路慍見曰 "君子亦有窮乎. 子曰 "君
　　　子固窮, 小人窮斯濫矣.")"

면 취하지 않아 터럭만큼도 그대로 지나치지 말아야 할 것이다.

　만일 친구라면 재물을 통용해 쓰는 의리가 있으니, 남겨 준 바는 모두 받는 것이 마땅하다. 다만 내가 쪼들리지 않는데 쌀이나 삼베를 준다고 해서 받으면 안 된다. 또 그 밖에 겨우 아는 사이라면 명분이 있어 주는 물건만 받고 아무런 명분이 없는 것은 받아서는 안 된다. 이른바 명분이 있다는 것은 초상이 났을 때 부의(賻儀)를 하거나, 여행하는 데 필요한 돈이나, 혼사에 부조하거나, 양식이 떨어졌을 때 보태 주는 일들이다. 만일 대단히 악한 사람이어서 내가 마음속으로 천하게 여기고 미워한다면 비록 명분이 있어 주는 물건이라도 받으면 마음이 편하지 않을 것이니 이것을 억지로 받을 필요는 없다. 맹자께서 말씀하시길 "하지 못할 일을 행하지 말고, 하고 싶지 않은 바를 하려고 하지 말라." 했으니, 이것이야말로 의리를 행하는 법도인 것이다.

◈ 居家貧窶, 則必爲貧窶所困, 失其所守者, 多矣, 學者, 正當於此處用功. 古人曰窮視其所不爲, 貧視其所不取. 孔子曰小人, 窮斯濫矣. 若動於貧窶, 而不能行義, 則焉用學問爲哉. 凡辭受取與之際, 必精思義與非義, 義則取之, 不義則不取, 不可毫髮放過. 若朋友, 則有通財之義, 所遺皆當受, 但我非乏, 而遺以米布, 則不可受也. 其他相識者, 則只受其有名之饋, 而無名, 則不可受也, 所謂有名者, 賻喪, 贐行, 助婚禮, 周飢乏之類, 是也. 若是大段惡人, 心所鄙惡者, 則其饋, 雖有名受之, 心必不安, 心不安, 則不可抑而受之也. 孟子曰無爲其所不爲, 無欲其所不欲. 此是行義之法也.

중국에는 여러 고을의 수령들에게 모두 사사로운 봉급이 있어 남는 것을 미루어 다른 사람의 위급함을 도와줄 수 있으나, 우리나라는 수령들은 사사로운 봉급이 없이, 다만 관청 곡식으로 날마다 쓰는 비용을 충당하고 있다. 그러니 만일 사사로이 남에게 주었다가는 (수량의) 많고 적음에 상관없이 죄에 걸려들어 모두 벌을 받게 된다. 심할 경우에는 그 물건을 받은 자도 역시 벌을 받게 되니, 선비로서 수령이 주는 물건을 받는 것은 금지하는 것을 어기는 것이다.

옛날에는 남의 나라에 들어가면 금지하는 법을 물었는데, 그 나라에 살면서 어찌 자기 나라의 금지하는 법을 위반할 수 있겠는가? 수령의 선물은 대체로 받기 어려우니 만일 (수령이) 사사로이 그 관청 창고의 곡식을 내준다면 그 사람과 친하거나 친하지 않거나를 막론하고 모두 받을 수 없는 것이다.〔만일 친분이 두터운 고을의 수령이 관아에 있는 사사로운 재물을 가지고 급한 사람을 구제한다면 간혹 받을 수는 있다.〕

◆ 中朝, 則列邑之宰, 有私俸, 故推其餘, 可以周人之急矣, 我國, 則守令別無私俸, 只以公穀, 應日用之需, 而若私與他人, 則不論多小, 皆有罪譴, 甚則至於犯贓, 受者亦然, 爲士, 受守令之饋, 則是乃犯禁也. 古者, 入國, 而問禁則, 居其國者, 豈可犯禁乎, 守令之饋, 除酒肉飮食外, 若米菽之類, 則

不論人之親疎, 名之有無, 物之多寡, 皆不可受也.〔若分厚邑宰, 以衙中私
財周急, 則或可受也.〕

　이 장은 자기 수양에서 한 걸음 더 나아가 집안을 이끌어 가는 법을 다루고 있다.

　조선 시대에 가족은 사회 질서의 중심에 있었고 최소한의 전제는 혼인이었다. 가족 간의 인화는 그 구성원, 특히 가족의 통치자인 아버지의 자각적인 도덕적 태도에 의존한다. 사실상 가족 문제는 예(禮)의 범주에 속한다.

　이 장은 가장의 역할을 소상히 짚어 설명하며 시작된다. 가장은 예법으로 집안의 모든 구성원들을 대하고 그들의 역할 하나하나를 정해 주고 집안의 재정 상태도 꼼꼼히 파악하여 사치를 경계하고 근검한 생활을 기본 원칙으로 할 것을 요구한다. 물론 이런 것들도 앞 장들에서와 마찬가지로 『가례』에 따를 것을 요구하고 있다. 형제 사이의 관계도 다루고 있으며 세상에서 가장 친밀하면서도 엄격한 예의범절이 요구되는 부부 사이의 관계도 말하고 있다. 부부 사이의 공경심과 절제가 선행 조건이다. 또한 자녀 교육을 강조하고 있으니 인성 교육에 바탕을 두고 자녀를 가르쳐야 하며 이는 다음과 같은 공자의 말을 떠올리게 한다.

　　공자께서 말씀하셨다. "젊은이는 (집에) 들어오면 효도하고 (집을) 떠나서는 우애로우며, 삼가고 믿음이 있으며 널리 대중을 아끼면서도 어진 사람을 가까이 한다. (이것들을) 실천하고 남는 힘이 있으면 곧 글을 배운다."(子曰 "弟子入則孝, 出則悌, 謹而信, 汎愛衆而親仁. 行有餘力, 則以學文.")

이 문장의 의미는 부모가 생각해야 하는 자식 교육법이기도 하기에 비교 삼아 읽어 봐도 좋을 것이다.

아울러 이 장에서는 비복들에 관한 내용도 있는데 나의 수고로움을 대신하는 자들이기에 함부로 대해서도 안 된다고 당부한다. 마치 비복과 주인의 관계는 임금과 백성의 관계와 크게 다를 바 없으므로 그들을 대할 때도 애정을 가져야 한다는 것이다.

또한 남녀의 유별을 강조하고 있는데, 이는 어찌 보면 전근대적이라고도 볼 수 있겠으나 내외의 원칙에 입각할 것을 말하면서 교육이나 일상생활에서의 엄격한 절제와 구분이 필요하다고 했다.

아울러 율곡은 학자는 물질적인 데에 빠지지 말고 정신적인 데로 몰입해야 한다고 하면서 학문을 하는 데 관직에 나아가는 것을 목표로 삼아서도 안 된다고 하고 있다.

맨 마지막으로 우리나라의 수령은 사사로운 봉급이 없으니 주고 받음이 엄격해야 한다고 말하면서 청렴성을 강조하고 있다.

9장

사람을 대하는 법

接人章 第九

사람을 대하는 법은 겸허하고 나이에 따라 대하는 방식이 달라야 한다. 친구를 선택하는 데에도 신중해야 하며 착한 사람과 사귀어야 하며 설령 헤어지더라도 잘 헤어져야 후환을 남기지 않게 된다는 등의 내용으로 이루어져 있다.

겸손하고도 온화하게

대체로 사람을 대할 때는 마땅히 온화하고 공경하는 데 힘써야 한다. 나이가 (자신보다) 갑절이 되면 아버지처럼 섬기고 열 살이 많으면 형처럼 섬긴다. 다섯 살이 많으면 또한 약간 공경하는 도리를 더할 것이며, 가장 해서는 안 되는 것은 자기의 학문을 믿고 최고인 척하며 우쭐대거나 남을 함부로 대하는 일이다.

◆ 凡接人當務和敬, 年長以倍, 則父事之, 十年以長, 則兄事之, 五年以長, 亦稍加敬, 最不可恃學自高, 尙氣凌人也.

친구를 고르는 법

친구를 고르는 데는 ◆ 반드시 학문을 좋아하고 선한 일을 좋아하며 바르고 엄하며 정직하고 선량한 사람을 택해 그와 함께 있으면서 규범과 삼감을 허심탄회하게 받아들여 나의 단점을 고쳐야 할 것이다. 만약에 게으르고 장난을 좋아하며 말을 잘 꾸미고 올

◆│ 공자는 친구의 유형을 이렇게 분류하였으니 참조할 만하다. "공자께서 말씀하셨다. '유익한 벗이 세 가지이고, 손해가 되는 벗이 세 가지이다. 정직한 사람을 벗하고, 미더운 사람을 사귀며, 견문이 많은 사람을 벗하면, 이롭다. 아첨을 잘하는 사람을 벗하고, 겉과 속이 다른 사람을 벗하며, 말재주가 뛰어난 사람을 사귀면 손해다.'(孔子曰 "益者三友, 損者三友. 友直, 友諒, 友多聞, 益矣. 友便辟, 友善柔, 友便佞, 損矣.")"(『논어』「계씨」)

곧지 못한 자라면 함께 사귀지 말아야 한다.[2]

◆ 擇友, 必取好學好善方嚴直諒之人, 與之同處, 虛受規戒, 以攻吾闕, 若其怠惰好嬉, 柔佞不直者, 則不可交也.

여론에 민감하게 반응하지 말라

　마을 사람으로 선한 자는[3] 반드시 가깝게 지내고 서로의 사정을 알고 지내야 하며, 마을 사람으로 착하지 못한 자가 있더라도 고약한 말로 그 사람의 더러운 행실을 퍼뜨리지 말고 대범하게 대하고 서로 왕래하지 말아야 할 것이다. 만일 이전에 알던 사람이라

◆2　묵자비염(墨子悲染)이란 말이 있다. 묵자가 물들이는 것을 슬퍼한다는 말로, 접하는 환경에 따라 물드는 성품이 달라진다는 뜻이다. 『묵자』 「소염(所染)」 편에 나오는 말이다. 노(魯)나라의 사상가요 겸애설(兼愛說)을 주장한 묵자가 어느 날 실을 물들이는 사람을 보고 탄식하여 말하였다. "쪽빛으로 물들이면 쪽빛색이고, 노랑으로 물들이면 노란색이니, 들이는 바에 따라 변한다. 그 색도 변한다. 다섯 번 들어가면 반드시 그러하며 이미 끝마치고 나면 다섯 가지 색깔이 생기니, 물들이는 일이란 삼가지 않을 수 없다.(染于蒼則蒼, 染于黃則黃, 所入者變, 其色亦變, 五入必, 而已則爲五色矣, 故染不可不愼也.)"

◆3　원문의 "향인지선자(鄕人之善者)"라는 말을 번역한 것으로 『논어』 「자로」 편에서 나온 말이다. 그 문장의 맥락을 알기 위해 인용하면 이렇다. "자공이 여쭈었다. '마을 사람이 모두 그를 좋아하면 어떻습니까?' 공자께서 말씀하셨다. '그 정도로는 안 된다.' '마을 사람이 모두 그를 미워하면 어떻습니까?' 공자께서 말씀하셨다. '그 정도로는 안 된다. 마을 사람 가운데 선한 사람이 그를 좋아하고, 선하지 않은 사람이 그를 미워하는 것만 못하다.'(子貢問曰 "鄕人皆好之, 何如." 子曰 "未可也." "鄕人皆惡之, 何如." 子曰 "未可也. 不如鄕人之善者好之, 其不善者惡之.")"

면 서로 만나더라도 인사만 하고 다른 말을 서로 주고받지 말지니, (이렇게 하면) 점점 멀어지기만 할 뿐, 원망하거나 노여움을 (마음에) 품는 데에 이르지는 않을 것이다.

◈ 鄕人之善者, 則必須親近通情, 而鄕人之不善者, 亦不可惡言揚其陋行, 但待之泛然, 不相往來, 若前日相知者, 則相見, 只敍寒暄, 不交他語, 則自當漸疎, 亦不至於怨怒矣.

유유상종하는 법

소리가 같은 사람끼리는 서로 호응하기 마련이고 기운이 같으면 서로 찾게 마련이니, 만일 내가 학문에 뜻을 둔다면 나는 반드시 학문하는 선비를 찾게 될 것이고, 학문하는 선비도 반드시 나를 찾게 될 것이다.◈┤ 저 말로는 학문을 한다고 하면서 문 앞에 잡된 손님들이 오고 가며 시끄럽게 세월을 축내는 사람이면 반드시 그 사람이 즐기는 것이 학문에 있지 않지 않기 때문이다.

◈ 同聲相應, 同氣相求, 若我志於學問, 則我必求學文之士, 學問之士, 亦必求我矣. 彼名爲學問, 而門庭多雜客, 喧囂度日者, 必其所樂, 不在學問故也.

◈┤ 이 부분 역시 공자의 다음과 같은 말을 참조할 만하다. "사람의 허물은 저마다 그가 속한 무리를 따르게 된다. 허물을 관찰해 보면 곧 (어느 정도) 인(仁)한지를 알 수 있다.(人之過也, 各於其黨, 觀過, 斯知仁矣.)"(『논어』「이인」)

온화하고 공손함이 덕의 바탕

무릇 절하고 읍(揖)하는 예의는 미리 정할 수가 없으니, 대개 자기 아버지의 친구 뻘이면 절하는 게 마땅하며 동네에서 나이가 (자신보다) 열다섯 살 이상이 되는 사람에게는 절하는 게 마땅하며, 또 벼슬의 품계가 당상(堂上)이고 (자신보다) 나이가 열 살 이상 많은 사람에게도 절하는 게 마땅하다. 마을 사람으로 (자신보다) 나이가 스무 살 이상 많은 사람에게도 절을 하는 게 마땅하다. 그러나 그 사이의 높고 낮음이나 복잡한 사정들은 예법에 얽매이지 말고 때에 따라서 알맞게 하면 될 것이요, 또한 늘 자기 몸을 낮추고 남을 존경하는 뜻을 가슴속에 두는 것이 옳다. 『시경』에 이르기를 "온화하고 공손한 사람만이 덕의 바탕이다."라고 했다.

◆ 凡拜揖之禮, 不可預定, 大抵父之執友, 則當拜, 洞內年長十五歲以上者, 當拜, 爵階堂上, 而長於我十年以上者, 當拜, 鄕人年長二十歲以上者, 當拜, 而其閒高下曲折, 在隨時節中, 亦不必拘於此例, 但常以自卑尊人底意思, 存諸胸中, 可也. 詩曰溫溫恭人, 惟德之基.

허물이 있으면 고쳐라

다른 사람이 나를 헐뜯는 경우에는 반드시 돌이켜 스스로 살펴

만일 나에게 실제로 헐뜯음을 들을 만한 행동이 있다고 하면 스스로를 꾸짖고 마음속으로 뉘우쳐 허물 고치기를 꺼리지 말아야 한다.[5]

만일 내 허물이 매우 작은데 그가 보태어 말했다면 그의 말이 지나쳤을지라도 나에게 실제로 비방받을 만한 까닭이 있는 것이니, 전에 저지른 허물을 끊어 버려 터럭만큼의 여지도 남겨 두지 말아야 한다.

만일 나에게 본래 허물이 없는데도 거짓으로 빈말을 지어 낸 것이라면, 그는 망령된 사람에 지나지 않는 것이니 망령된 사람과 어찌 허실을 따지겠는가? 그리고 빈말로 비방하는 것이란 마치 바람이 귓가로 지나가고 구름이 하늘로 지나가는 것과 같으니, 나에게 무슨 상관이 있겠는가? 이렇듯 비방이 생겼을 때 나에게 허물이 있으면 고칠 것이요, 허물이 없으면 허물이 없도록 힘써야 할 것이니, 이런 것들은 모두 나에게 이롭지 않은 것이 없을 것이다.

만일 (나에게) 허물이 있다는 말을 들었을 때 스스로 떠들썩하게 변명하여 자신에게 허물이 없다고 하려 든다면, 그 허물은 더욱 깊어지고 남들로부터 더 심한 비방을 들을 것이다. 옛날에 어떤 사람이 남에게 비방을 듣지 않는 방법을 묻자, 문중자(文中子)는 "자기 몸을 스스로 닦는 것이 제일이다."라고 하여 다시 한 마디 해 달라고 청하자, "변명하지 않는 것이다."라고 했다. 이 말이야말

---

[5] 허물에 대한 자공의 말을 비교하면 쉽게 이해된다. "자공이 말했다. '군자의 허물은 마치 일식, 월식과 같다. 허물이 있으면 사람들이 모두 그것을 보고, 고쳤을 때에는 사람들이 모두 그것을 우러러본다.'(子貢曰 "君子之過也, 如日月之食焉. 過也人皆見之, 更也人皆仰之.")"(『논어』「자장」)

로 배우는 자가 본받아야 할 법이 될 만하다.

◈　人有毀謗我者, 則必反而自省, 若我實有可毀之行, 則自責內訟, 不憚改
過, 若我過甚微, 而增衍附益, 則彼言雖過, 而我實有受謗之苗脈, 亦當刬
鋤前愆, 不留毫末, 若我本無過, 而捏造虛言, 則此不過妄人而已, 與妄人,
何足計較虛實哉, 且彼之虛謗, 如風之過耳, 雲之過空, 於我何與哉. 夫如
是, 則毀謗之來, 有則改之, 無則加勉, 莫非有益於我也. 若聞過自辨, 曉曉
然不置, 必欲置身於無過之地, 則其過愈甚, 而取謗益重矣. 昔者, 或問止
謗之道, 文中子曰莫如自修. 請益曰無辨. 此言, 可爲學者之法.

가까운 데서 변화시켜야

　무릇 선생이나 어른을 모시고자 하면, 마땅히 의리(義理)◈⁶ 중
에서 이해하기 어려운 부분을 여쭈어 자신의 배움을 분명히 하고,
큰 고을◈⁷의 어른을 모시고자 하면 공손하고 삼가서 말을 함부로
하지 말아야 하고, 만일 (어른이) 묻는 것이 있을 때는 공손히 사실
대로 대답해야 한다.◈⁸

◈6　여기서는 사람이 나면서부터 부여받은 본성의 차원이다.
◈7　원문의 '향당(鄕黨)'에 대한 번역인데, 『논어』 해석의 권위자인 양보쥔은 "다섯 집을
　　'린', 다섯 린을 '리', 1만 2500가(家)를 '향', 500가를 '당'이라 한다.(五家爲鄰, 二十五家爲
　　里, 萬二千五百家爲鄕, 五百家爲黨.)"라고 했으니 상당한 규모의 고을을 말한다. 물론 이 단
　　위에 관한 논란은 적지 않다. 여기서는 포괄적으로 '큰 고을'이라고 번역하면 무난하다.
◈8　이 부분의 취지는 『논어』 「향당」 편의 첫머리에 나오는 공자의 처신과 상당히 연관이 있

친구와 함께 있을 때는 마땅히 도의로서 학문을 강구하고 연마하되 오직 문자와 의리만을 말할 뿐이어야 하고, 세속의 천박한 말이나 시정(時政)의 득실, 수령의 어질고 어질지 못한 점, 다른 사람의 허물 등은 일절 입에 담지 말아야 한다.

마을 사람들과 거처할 때는 비록 묻는 대로 대답할지언정 끝까지 비속한 말을 입 밖에 내지 말아야 하고, 자신은 점잖은 몸가짐을 갖더라도 스스로 뽐내는 기색을 가져서는 안 되고, 오직 착한 말로 타이르고 이끌어 학문을 향하도록 해 주어야 한다.

어린 사람과 같이 있을 때는 효도와 우애, 충성과 신의 등을 설명하여 (그로 하여금) 착한 마음이 우러나도록 해야 한다.

이와 같이 끊임없이 한다면 마을의 풍속이 점점 변해 갈 것이다.

◆ 凡侍先生長者, 當質問義理難曉處, 以明其學, 侍鄕長老, 當小心恭謹, 不放言語, 有問, 則敬對以實, 與朋友處, 當以道義, 講磨, 只談文字義理而已. 世俗鄙俚之說, 及時政得失, 守令賢否, 他人過惡, 一切不可掛口, 與鄕人處, 雖隨問應答, 而終不可發鄙褻之言, 雖莊栗自持, 而切不可存矜高之色. 惟當以善言誘掖, 必欲引而向學, 與幼者處, 當諄諄言孝悌忠信, 使發善心, 若此不已, 則鄕俗漸可變也.

어 그 부분을 염두에 둔 듯하다. "공자께서는 향당에 계실 때는 공손한 듯하여 마치 말을 못 하는 사람 같으셨다.(孔子於鄕黨, 恂恂如也, 似不能言者.)"

8
이로움을 버려라

항상 온화하고 공손하며 자애롭게 남을 이롭게 하고 물건을 구제해 주는 것으로 마음을 삼고, 남을 침해하거나 물건을 해치는 따위의 일들은 터럭만큼도 마음속에 간직하지 말아야 한다. 대체로 사람이란 자신에게 이롭다고 하면 남을 침해하므로 배우는 자는 먼저 자기를 이롭게 한다는 마음부터 버린 뒤에라야 인(仁)을 배우게 될 것이다.

◆ 常以溫恭慈愛惠人濟物爲心, 若其侵人害物之事, 則一毫不可留於心曲, 凡人, 欲利於己, 必至侵害人物, 故學者, 先絶利心, 然後可以學仁矣.

9
의롭지 못한 청탁

고을에 머물고 있는 선비는 공적인 일이나 부득이한 일이 아니면 관가에 드나들지 않으며, 고을의 수령이 지극히 친한 사이일지라도 자주 찾아가서는 안 되는 법인데, 하물며 친구도 아닌 데야 무엇을 더 말하겠는가? 의롭지 못한 청탁은 일절 하지 않아야 한다.

◆ 居鄕之士, 非公事禮見, 及不得已之故, 則不可出入官府, 邑宰雖至親, 亦不可數數往見, 況非親舊乎. 若非義干請, 則當一切勿爲也.

해설

사람을 대하는 법을 구체적으로 다루고 있다. 온화함과 공손함이 기본적이며 남을 업신여기는 일이 없으려면 겸허한 인성을 함양해야 한다. 윗사람과 아랫사람과의 관계에서 중요한 것이 예의다. 세상의 이치에 순응하며 사사로운 마음에 얽매이지 말고 나아가려면 친구를 고르는 일도 중요한데, 벗이란 선한 자도 있고 그렇지 못한 자도 있어 잘 골라 사귀어야 하며 간혹 자신과 뜻이 잘 맞지 않더라도 칼로 무 베듯 하지 말라는 것이다. 절하고 인사하는 법도 다루고 있는데 인간 관계의 긴요한 의식이기도 한 이것들은 예나 지금이나 사람을 대하는 데 소홀히 해서는 안 될 기본적인 부분임은 매한가지다. 아울러 자신을 아무리 헐뜯는 자가 있어도 그를 비난하기보다 나에게 그런 문제점이 있는지를 돌아보라는 말도 와 닿는 내용이다.

이 장은 주로 사람을 대하는 법을 다루고 있지만 맨 마지막에는 관가에 함부로 드나들어 주위의 입방아에 오르지 못하게 하는 등 처세의 문제도 다루고 있어 뒤의 「처세장」과 자매편이라고 볼 수 있을 듯도 하다.

10장

세상에 처하는 법
處世章 第十

이 장은 먼저 학문과 과거 시험 준비를 함께 거론하면서 벼슬을 위한 학문을 해서는 안 된다고 비판한다. 물론 과거 시험 자체를 반대하는 것은 아니지만 과거 공부와 학문이 주객전도되어서는 안 된다는 취지를 밝힌 것으로, 학문을 한다는 본연의 자세를 견지하고 초심을 잃지 않고 일관된 마음으로 정진하라는 당부를 담고 있다. 벼슬은 급한 것이 아니므로 나아갈 수 있으면 나아가고 그렇지 않을 경우에는 물러나는 것도 괜찮다는 것이다.

옛날에는 배우는 자들이 일찍부터 벼슬을 구하지 않았으나 학문이 이루어지면 (위에서) 천거하여 등용하였으니 대개 벼슬이란 남을 위하는 일이지 자신을 위하는 것이 아니었다. 지금은 그렇지 않으니 과거 시험을 통해서만 인재를 뽑으므로 제아무리 하늘의 이치에 통하는 학문이 있고 빼어난 행실을 갖추고 있다고 하더라도 과거가 아니고서는 치도를 실행하는 자리에 나아갈 수가 없다. 따라서 아버지가 자식을 가르치고 형으로서 아우에게 (공부를) 권하고 힘쓰게 하는 것이 과거가 아니면 다른 방법이 없으므로 선비들의 습관이 각박하게 되는 것은 이런 이유 때문이다.

그래서 요즘 선비 노릇을 하는 자는 대부분 부모의 바람에 따르고 집안을 열어 줄 계획으로 과거 공부를 피하지 않을 수 없다. (그러나) 이 또한 마땅히 자신의 기량을 갈고 닦으며◆¹ 그 때가 오기를 기다려, 급제하고 못하고는 천명◆²에 맡길 따름이고, 공연히

◆¹ 원문의 "리기기(利其器)"를 번역한 것으로 『논어』 「위령공」 편에서 자공(子貢)이 인을 행하는 방법을 물었을 때 공자의 답변을 참조할 만하다. "공자께서 말씀하셨다. '장인이 자기가 맡은 일을 잘하려면 반드시 먼저 그의 연장을 날카롭게 해 놓아야 한다. (마찬가지로) 어느 나라에 살게 되면 그 나라의 대부들 중에 어진 사람을 섬기고, 그 나라 선비들 중에서 인(仁)한 자를 벗해야 한다.'(子曰 "工欲善其事, 必先利其器. 居是邦也, 事其大夫之賢者, 友其士之仁者.")"

◆² "천명"이란 사물에 드러나는 자연스러운 이치 혹은 하늘이 부여한 사명으로 해석한 주희의 설이 타당하다. 말하자면, 자기의 역량이 어느 정도 되는지, 도대체 무엇을 할 수 있는지, 무엇을 하도록 운명지어졌는지 등을 아는 것이다. 공자도 51세에 관직에 나간

탐내고 조급히 굴어 마음을 끓어오르게 하여 그 본래의 뜻을 손
상하지 말아야 한다.

◆ 古之學者, 未嘗求仕, 學成, 則爲上者擧而用之, 蓋仕者, 爲人, 非爲己
也, 今世則不然, 以科擧取人, 雖有通天之學, 絶人之行, 非科擧, 無由進於
行道之位. 故父敎其子, 兄勉其弟, 科擧之外, 更無他術, 士習之偸職此之
由, 第今爲士者, 多爲父母之望, 門戶之計, 不免做科業, 亦當利其器, 俟其
時, 得失付之天命, 不可貪躁熱中, 以喪其志也.

과거 시험 때문에 학문을 못하는가

사람들은 과거 공부에 얽매여 학문을 할 수 없다고들 말하고 있
으나, 이것은 핑계 대는 말이지 정성 어린 말에서 나온 것이 아니
다. 옛사람은 어버이를 봉양하는 데 몸소 밭을 갈아 농사지은 사
람도 있고 돌아다니면서 품팔이를 한 사람도 있고 쌀 짐 나르는
일을 한 사람도 있다. 몸소 밭 갈고 품팔이하고 쌀을 질 때에 괴로
움이 힘겨웠을 것이니 어느 겨를에 글을 읽었겠는가? 오직 그 사
람이 어버이를 위해 자식의 직분을 닦으면서 틈틈이 글을 배워 덕

것과 관련되는 중요한 개념이기도 하다. 공자는 "천명을 알지 못하면 군자가 될 수 없다."
(『논어』「요왈」)라고 말했다. 공자가 말하는 "지천명"은 『역경』을 배운 것과 관련이 있다.
사마천은 "공자는 늘그막에 『역(易, 역경)』을 좋아하여 「단(彖)」「계(繫)」「상(象)」「설괘
(說卦)」「문언(文言)」편에 서문을 썼다. 그리고 『역』을 읽다가 가죽 끈이 세 번이나 끊어
졌다.(孔子晚而喜易, 序彖系象說卦文言. 讀易, 韋編三絶.)"(『사기』「공자 세가」)라고 기록했다.

(德)에까지 나아갈 수 있었던 것이다. (그런데) 오늘날 선비 된 자로 그 부모를 위해서 수고로운 일을 하는 것이 옛사람 같은 자가 보이지 않는다. 다만 과거 공부하는 한 가지 일만 가지고 이것이 어버이가 바라는 바라고 한다. 지금 이미 공부를 한 것의 효과만을 애쓰는 것을 피하지 못하는 것은 과거 공부라는 것이 비록 이학(理學, 성리학)과는 다르다고 해도 이 또한 앉아서 책을 읽고 글을 짓는 일이니 몸소 밭 갈고 품팔이하고 쌀 짐을 지는 일들보다는 백배나 편하지 않으랴? 하물며 남는 힘이 있어 성리(性理)의 책을 읽을 수도 있지 않은가?

다만 과거 공부를 하는 자는 으레 얻고 잃음에 따라 움직이게 되어 마음이 늘 조급하는 데로 치달아, 도리어 노력하여 심술(心術)을 해치지 않는 것만 같지 못한 것이다. 따라서 선현(先賢)들이 말씀하기를 "(과거 공부가) 공부를 방해할 것이라고 걱정하지는 않지만 오직 (자신의) 뜻을 빼앗길까 걱정이다." 하였다. 만일 과거 공부를 하면서도 뜻을 잃지 않는다면, 과거 공부와 이학이 함께 나아가 서로 어그러지지 않을 수 있을 것이다.

지금 사람들은 명분으로는 과거 공부를 한다면서도 실제로는 공명심을 드러내지 않고, 이학을 한다면서 실제로는 착수하지도 않고 있으니 만일 과거 공부를 하라고 질책하면, "나는 이학에 뜻을 두어 이런 것(과거 공부)에 내키지 않는다."라고 하고 이학을 하라고 질책하면 "나는 과거 공부에 얽매여 실제적인 것(이학 공부)을 할 수 없다."라고 한다. 이렇게 하면 둘 다 편리한 점을 취하여 유유히 세월을 보내다가 마침내는 과거 공부와 이학에 둘 다 이루는 바가 없으니, 늙고 난 뒤에 비록 뉘우친다고 한들 어찌 따라갈 수 있겠는가. 아아, 경계하지 않을 수 있겠는가.

◈ 人言科業爲累, 不能學問, 此亦推託之言, 非出於誠心也. 古人養親, 有躬耕者, 有行傭者, 有負米者, 夫躬耕行傭負米之時, 勤苦甚矣, 何暇讀書乎. 惟其爲親任勞, 旣脩子職, 而餘力學文, 亦可進德. 今日之爲士者, 不見爲親任勞, 如古人者, 只是科業一事, 是親情之所欲. 今旣不免做功, 則科業雖與理學不同, 亦是坐, 而讀書作文, 其便於躬耕行傭負米, 不翅百倍. 況有餘力, 可讀性理之書哉. 只是做科業者, 例爲得失所動, 心常躁競, 反不若勞力之不害心術. 故先賢曰不患妨功, 惟患奪志. 若能爲其事, 而不喪其守, 則科業理學, 可以幷行, 不悖矣. 今人, 名爲做擧業, 而實不著功, 名爲做理學, 而實不下手, 若責以科業, 則曰我志於理學, 不能屑屑於此. 若責以理學, 則曰我爲科業所累, 不能用功於實地. 如是兩占便宜, 悠悠度日, 卒至於科業理學, 兩無所成, 老大之後, 雖悔何追. 嗚呼, 可不戒哉.

벼슬은 배부름을 구하지 않아야

사람들이 벼슬하기 이전에는 오로지 벼슬하는 데에 급급하다가, 벼슬하고 난 다음에는 또 그 벼슬을 잃을까 걱정하니, 이와 같이 골몰해서 그 본심을 잃은 사람들이 많으매 어찌 두려워하지 않겠는가. 벼슬이 높은 자는 도(道)를 행하는 것에 주안점을 두어 도가 행해지지 않으면 물러날 수 있어야 한다. 만약 집안이 가난하여 벼슬을 해서 살아가는 것을 면할 수 없다면 내직(內職, 중앙의 관직) 마다하고 외직(外職, 지방의 관직)으로 나가고 높은 지위를 마다하고 낮은 자리를 구하여 굶주림과 추위나 면해야 할 것이다.[3] 비록 생활을 위한 벼슬을 하더라도 청렴하고 부지런히 일을 해서 공무를 받들어 자기 직무를 다해야 하고, 노는 관리가 되어 배불리 먹기만 해서는 안 된다.

◈ 人於未仕時, 惟仕是急, 旣仕後, 又恐失之, 如是汨沒, 喪其本心者多矣. 豈不可懼哉. 位高者, 主於行道, 道不可行, 可以退矣. 若家貧, 未免錄仕, 則須辭內就外, 辭尊居卑, 以免飢寒而已. 雖曰錄仕, 亦當廉勤奉公, 盡其職務, 不可曠官, 而餔啜也.

<hr/>

◆3 『동몽훈(童蒙訓)』의 다음 구절을 참조해 보자. "관직을 맡았을 때의 법도는 오직 세 가지가 있으니 청(淸, 청렴)과 신(愼, 삼감)과 근(勤, 근면)이다. 이 세 가지를 알면 몸가짐에 대해 알게 된다.(當官之法, 唯有三事, 曰淸曰愼曰勤. 知此三者, 知所以持身矣.)" 또 정관지치로 유명한 당 태종은 어제에서 이런 말을 남겼다. "곳간에 있는 곡식으로 밥을 지어 먹고 있으니 너희의 녹봉은 (바로) 백성들의 기름이다. 아래에 있는 백성은 학대하기가 쉽지만 위에 있는 푸른 하늘은 속이기 어렵다.(倉廩食之, 爾俸爾祿, 民膏民脂. 下民易虐, 上蒼難欺.)" 녹봉은 백성의 기름이라는 말은 섬뜩하기 조차 하다. 그러기에 그가 피비린내 나는 형제의 난을 딛고 제위에 올라 22년간 잘 다스리지 않았던가? 결국 청렴은 공직자의 가장 중요한 자세란 말이다.

　어느 정도의 제한은 있었지만 출생 신분, 즉 혈연 중심의 신분 사회에서 능력 위주의 사회로 나아가는 제도적 장치가 바로 과거제다. 인간의 능력을 중시한다는 기본적 입장에서 출발한 과거 제도는 선비의 질적 향상을 통해 왕으로 대표되는 조정과 민중으로 대표되는 사회의 중간적 지점이라 할 수 있는 관료가 되기 위한 교량적 역할을 담당했던 것이다. 관료제 국가인 조선에서는 교육받은 관료가 필요했고, 이들을 선발하는 과거 제도는 유교 경전이 중심이 되었다. 경전 지식에 대한 존경은 조선 시대 정치의 상당한 성공을 의미한다고 해도 과언이 아니다. 그러나 오직 과거 시험 자체에 매달리다 보니 본래의 학문의 순수한 의미는 퇴색되고 오로지 시험을 위한 준비 과정이 학문이 되는 현실이 되어 버린 것이다. 이런 것을 비판적으로 본 율곡은 과거가 우선시되는 풍조를 탄식하고 학문 본연의 자세가 더 중요함을 강조하고 있다. 이는 송 대 유학에는 배타적인 가족 중심의 윤리가 포함되어 있다는 점과 연관되며 군주와 신하, 아버지와 아들, 남편과 아내, 형과 아우, 친구와 친구 사이의 사회적 관계가 강조되는 것과 맥락이 같다. 그러므로 쉽게 드러나지 않지만 관료주의적 이상이 있어 관리 등용 방식은 과거제를 통해 제도화될 수밖에 없는 현실을 율곡은 받아들이고 있다.

　맨 마지막 부분에서 부득이한 경우에 벼슬에 나아가더라도 청렴함과 부지런함을 지킬 것을 당부하고 있어, 오늘날 관직에 몸담거나 몸 담으려 하는 사람들에게도 교훈이 될 만한 내용이다.

찾아보기

ㅊ

ㅎ

옮긴이 김원중金元中

성균관대학교 중문과에서 문학박사 학위를 받았다. 대만 중앙연구원과 중국 문철연구소 방문학자
와 대만사범대학 국문연구소 방문교수, 건양대 중문과 교수를 지냈고, 현재 단국대학교 사범대학
한문교육과 교수 겸 단국대 부설 교과교육연구소장으로 재직하고 있으며, 한국학진흥사업위원장
과 문화융성위원회 인문특위 위원, 한국중국문화학회 부회장을 맡고 있다.

동양의 고전을 우리 시대의 보편적 언어로 섬세히 복원하는 작업에 매진하여, 고전 한문의 응축미
를 담아내면서도 아름다운 우리말의 결을 살려 원전의 품격을 잃지 않는 번역으로 정평 나 있다.
《교수신문》이 선정한 최고의 번역서인 『사기 열전』을 비롯해 『사기 본기』, 『사기 표』, 『사기 서』, 『사
기 세가』 등 개인으로서는 세계 최초로 『사기』 전체를 완역했으며, 그 외에도 『삼국유사』, 『논어』,
『명심보감』, 『손자병법』, 『한비자』, 『정관정요』, 『정사 삼국지』(전 4권), 『채근담』, 『당시』, 『송시』
등 20여 권의 고전을 번역해 냈다. 또한 『고사성어 역사문화사전』, 『한문 해석 사전』, 『중국 문화
사』, 『중국 문학 이론의 세계』 등의 저서를 출간했고 40여 편의 논문을 발표했다. 2011년 환경재단
'2011 세상을 밝게 만든 사람들'(학계 부문)에 선정되었다.

격몽요결

1판 1쇄 펴냄 2015년 11월 6일
1판 7쇄 펴냄 2023년 3월 24일

지은이   율곡 이이
옮긴이   김원중
발행인   박근섭, 박상준
펴낸곳   (주)민음사
출판등록   1966. 5. 19 (제16-490호)
          서울특별시 강남구 도산대로1길 62(신사동) 강남출판문화센터 5층 (우편번호 06027)
대표전화   02-515-2000
팩시밀리   02-515-2007

ISBN   978-89-374-2721-3 04910
          978-89-374-2720-6 (세트)

* 잘못 만들어진 책은 구입처에서 교환해 드립니다.